KB073734

역사의 이름들

트리컨티넨탈 총서를 발간하며

서구의 근대 자본주의의 역사는 자기모순으로서의 식민주의의 역사를 갖는다. 따라서 (포스트)식민적인 트리컨티넨탈 세계는 서구에서 기원하는 근대성의 대상화된 타자임과 동시에 그것의 굴절된 거울이다.

공식적인 식민주의가 사라진 오늘날, 그러나 자본 권력의 전 지구적 지배가 세계 도처에 있는 트리컨티넨탈 민중들의 삶을 강등시키고 있고 식민 지배의 여전한 사후적 효과로 이들의 정신적, 문화적 종속 상태가 끈질기게 지속되고 있는 오늘날, 저 근대적/식민적인 현실의 권력관계 혹은 인식체계의 은밀하거나 공공연한 작동을 트리컨티넨탈 세계의 시선으로 비판하고 거기에 대항하는 것은 우리 모두의 과제가 된다. 그러므로 하나의 이론적 개념으로서의 '트리컨티넨탈'은 단순히 특정한 지리적 공간을 가리키고 구획하려는 이름이 아니다. 그것은 우리 모두의 삶과 정신을 지배하는 조건들과 가치들을 아래로부터 그리고 왼쪽으로부터 변화시키려는, 그렇게 함으로써 정치적으로나 경제적으로나 문화적으로 세계의 질서를 전위시키려는, 세계를 구성하는 인종과 민족과 지역과 젠더와 계급 등의 요소들을 재배치하려는 대항적 인식들에 관한 일반적 이름이다.

트리컨티넨탈 총서는 이 일반적 이름으로 명명될 수 있는 작업들을 드러내고자 하는 기획이다.

기획위원들을 대신하여

김택현

Jacques Rancière

TRIcontinental] 03

역사의 이름들

지식의 시학에 관한 에세이

자크 랑시에르 지음

LES NOMS DE L'HISTOIRE

안준범 옮김

Essai de poétique du savoir

울력

Les Noms de l'Histoire: Essai de poétique du savoir by Jacques RANCIÈRE
ⓒ Editions du Seuil, 1992
Collection La Librairie du XXI siècle, sous la direction de Maurice Olender
All rights reserved.

Korean Translation Copyright ⓒ 2011 by Ulyuck Publishing House
All right reserved.
Korean edition is published by arrangement with Editions du Seuil through
Guy Hong International.

역사의 이름들 트리컨티넨탈 총서 03

지은이 | 자크 랑시에르
옮긴이 | 안준범
펴낸이 | 강동호
펴낸곳 | 도서출판 울력
1판 1쇄 | 2011년 5월 10일
등록번호 | 제10-1949호(2000. 4. 10)
주소 | 152-889 서울시 구로구 고척로4길 15-67(오류동)
전화 | (02) 2614-4054
FAX | (02) 2614-4055
E-mail | ulyuck@hanmail.net
값 | 12,000원

ISBN | 978-89-89485-83-4 93900

· 잘못된 책은 바꾸어 드립니다.
· 옮긴이와 협의하여 인지는 생략합니다

이 책은 1987-1988년에 국제철학원Collége international de philosophie에서 열렸던 세미나에서 비롯되었다. 그 성과물이 처음 체계적으로 제시된 것은 페로케Perroquet가 주관했던 1989년 5월의 발표회에서였다. 코넬 대학의 역사학과와 웨스턴 소사이어티 프로그램Western Societies Program의 초대 덕분에 1990년 가을에 있었던 글쓰기의 정치들에 관한 일련의 발표회를 통해 이 작업을 이어갈 수 있었다. 내 작업을 받아주고 토론해 준 듀크 대학, 캘리포니아 대학 산타크루즈 캠퍼스, 캘리포니아 대학 버클리 캠퍼스의 벗들에게도 감사한다.

차례

일러두기

1. 이 책은 Jacques Rancière의 *Les Noms de l'Histoire: Essai de poétique du savoir* (Seuil, 1992)를 텍스트로 하여 완역한 것이다.

2. 이 책은 원서의 체제를 따랐다. 단 원서에서 책 뒤에 함께 모아 놓은 주석을 이 책에서는 각주로 처리하였다.

3. 본문에서 책과 잡지 등은 『 』로 표시하였고, 논문이나 기사, 그리고 짧은 글들 은 「 」로 표시하였다.

4. 원서에서 이탤릭으로 강조된 부분을 이 책에서는 중고딕으로 표시하였고, 원 어를 병기할 경우에는 이탤릭으로 표시하였다.

5. 본문 중에서 큰따옴표 안에 있는 작은따옴표를 제외한 작은따옴표는 모두 옮 긴이가 붙인 것이다.

6. 본문 중에서 [ ] 안의 것은 독자의 이해를 돕기 위해 옮긴이가 첨가한 것이다.

7. 본문 중에서 직접 인용한 내용들 중 우리말 번역서가 나와 있는 경우는 일부 를 제외하고는 그것을 기준으로 하였다.

8. 외래어 표기 중 일부는 옮긴이의 뜻에 따라 표기하였다.

어떤 백년전쟁

"한 세기 이상, 역사에 관심을 가진 이들이, 그 많은 이들이 역사라는 말과 씨름해 왔다."

역사학 분야의 한 거장이 이렇게 말한다. 그의 심중을 헤아리기는 쉬워 보인다. 역사에 가능한 한 과학의 엄밀함을 부여하기 위해 낡은 연대기와 단절하고자 했던 역사가들은 역사라는 이름 그 자체에 결부된 전제들이나 모호성들과 씨름해야만 했으니 말이다. 역사란, 통상적인 의미로는, 고유한 이름들로 지칭되는 주체들에게 일어나는 일련의 사건들이다. 그런데 역사 과학의 혁명은 바로 그 사건들의, 고유한 이름들의 우위를 폐지하려 했고, 장기지속과 무명씨들의 삶을 선호했다. 이런 식으로 역사 과학은 과학의 시대와 민주주의의 시대에 동시에 속한다고 주장되었다. 역사란, 또한, 일련의 사건들을 고유한 이름들에 귀속시키는 이야기라는 함의도 갖고 있다. 이야기란 거론되는 사건들의 진리 여부의 불확실성으로, 그 사건들이 귀속되는 주체들의 실재성 여부의 불확실성으로 특징지어지는 것이 보통이다. 모든 역사에 대해, 인습적인 표현을 따라, 그것은 [이야기로서의] 역사일 뿐이라고 말할 수 있다면, 사태는 너무나 간단해질 것이다. 역사의 고유함은 그것이 언제나 [이야기로서의] 역사일 수도 있고, 아닐 수도 있다는 데 있다. 사건들의 확실성이 주체들의 확실성과 나란히 간다면, 사태는 역시 너무나 간단해질 것이다. 하지만 실제 사건들을 허구적인 주체들이나 대체 주체들에게 귀속시키는 것도, 불확실하거나 허구적인 사건들을 실제 주체들과 연결하는 것도 항상 분명히 가능하다. 이런 불확정성이 빚어내는 곡절로 인해 역사 야화와 역사 소설이 존속하는 것이다.

　외견상 이런 것들은 우리에게 더 이상 문제가 되지 않는다. 역사 과학이 역사 야화와 역사 소설에 맞서 형성되었다. 역사 야화와 역사 소설에 맞서기 위해 구-학파의 역사가들은 자료의 엄밀한 검토와 사료 비판을 권장했다. 반면에 신-학파의 역사가들은 [같은 목적을 위해] 지리학, 통계학, 인구학의 가르침을 배웠다. 이제 역사가의 건축 소재를 세간의 우화나 글쟁이의 곡해에서 벗어난 안전한 곳에 두어야만 했다. 하지만 그 소재들은 여전히 일종의 건축물로 구성되지 않으면 아무것도 아니다. 주지하듯, 어떤 사안을 안다는 것은, 이 표현의 인습적인 의미에 따르자면, 그 사안에 관해 사유하지 않아도 된다는 함의를 갖는다. 이제 역사란, 궁극적으로는, 단일한 건축물로 조성될 뿐이며, 이 건축물은 언제나 한결같다는 점은 재론의 여지가 없는 것이 된다. 요컨대 일련의 사건들이 이런저런 주체에게 일어난다는 식으로 조성되는 건축물이 역사이다. 다른 주체들을 — 왕들 대신에 왕정을, 장군들과 대장들보다는 차라리 사회계급이나 지중해 또는 대서양을 — 선택할 수도 있다. 그래도 역시 그 어떤 보조 분과학문의 엄밀함도 보장해 주지 못하는, 공백으로 뛰어들게 된다. 여전히 주체들을 명명해야 하고, 그 주체들에게 상태들과 감정들과 사건들을 귀속시켜야만 하기 때문이다. 이 지점이야말로 낡은 연대기의 지지자들이 이미 한 세기 전에 역사 혁명의 전사들을 기다리고 있었던 곳이다. 역사를 과학과 대중의 시간에 맞추려고 이 전사들이 권유했던 대상과 방법으로 인해 오히려 준거의 규칙들은 더 불확실해지고 추론의 규칙들은 더 입증하기 어려워질 뿐이라는 점을 예고하려고 기다렸던 그곳. 과거의 훌륭한 방법들, 정규적으로 쇄신된 이 방법들을 갖고 군주들과 장군들과 대사들의 행동에 관해, 그들에게 생기를 불어넣었던 사상에 관해, 그들의 정치의 결과들과 그들의 성패 이유들에 관해 충분한 정도의 확실성에 도달하는 것이 가능했다. 루이 14세에게 또는 나폴레옹에게 확실하게 귀속될 수 있는 일련의 사건들을 사료를 통해, 사료 비판을 통해, 나폴레옹의 존재를 도발적으로 부인하거나 루이 14세에게 쌍둥이 형제가 있었다고 억측하는 것들과 분리할 수 있다. 게다가 부르주아가 어떤 상태에 있다든가, 프롤레타리아가 어떤 진화를 겪었다든가, 지중해가 어떤 사건을 체험했다든가 따위의 주장을 과연 역사가는 통계적 계열들의 정밀함에 기대

어 위험 부담 없이 할 수 있겠는가? 역사의 전통적인 주체들 및
이 주체들의 가시성과 결부된 논증 수단들에서 멀어진다는 것,
이것은 어떤 주체라는 것 또는 어떤 사건이라는 것의 의미 그
자체가 동요하게 되고, 어떤 주체에 준거하는 방식 또는 어떤
사건을 추론하는 방식이 동요하게 되는 지형으로 들어선다는
것이다. 예컨대 새로운 역사학의 다음과 같은 전형적인 문구를
어떻게 이해할 것인가? "의기양양한 정복자인 사막은 여러 번
지중해로 들어왔다."[1] 확실히 과학 시대의 역사가는 위대한 사
건들과 위대한 인물들의 쉽게 파악되는 표면적인 가시성을 외
면하려고 한다. 하지만 그가 주장하는 더 확실한 과학 역시 개
연성이 더 낮은 역사이며, 모든 역사에 고유한 지시대상과 추
론의 불확정성을 극단까지 밀고 가는 역사이다.

　말의 문제라고, 사람들은 말할 것이다. 체험과, 그것에 관한
충실한 이야기와, 그것에 관해 지어낸 허구와, 그것에 관한 학
문적인 설명을 모두 하나의 이름으로 지칭하는 것은 프랑스어
특유의 불행한 동음이의 현상이라고 말이다. 이 동음이의어의
덫을 색출하는 데 철저한 영국인들은 이야기*story*와 역사*history*
를 구별한다. 체험의 깊이와 담론 구성의 조건들을 이것들 각
각의 종별성 안에서 조사하는 데 관심이 있는 독일인들은 역사
*Historie*와 역사서술*Geschichte*을 나눈다. 이런 상투적인 준거들이

---

1. Fernand Braudel, *La Méditerranée et le monde méditerranéen à l'époque de Philippe II*, Armand Colin, 1949, p. 184. 이 텍스트에서 수정된 대목들을 언급하는 경우를 제외하면, 주석들은 초판에 따른다.

방법론적인 논술 안에 있는 구멍 몇 개는 막을 수 있다. 이것들의 미덕은 거기서 끝난다. 동음이의어 사냥꾼들도 다른 이들과 마찬가지로, 일련의 사건들을 어떤 주체들에게 귀속시키는 작업을 한다. 역사를 아예 쓰지 않는다면 몰라도, 다르게 할 수 있는 것은 전혀 없다. 흔히 동음이의어 사냥꾼들조차 동음이의 현상의 희생자들이 세운 학파에 속하며, 아날학파를 역사 담론의 과학적 혁명의 아버지로 인정한다. 그 이유는 외관상 역설적인 것만큼이나 근본에 있어서는 단순하다. 새로운 역사 과학이 더 이상 역사여서는 안 되지만 그러면서도 여전히 역사여야만 한다는 이 딜레마를 엄밀하게 헤아리려면, 마침 어휘의 혼합이 필요했던 것이다. 역사-과학과 역사-이야기의 차이는 이야기récit의 한가운데에서, 나름의 말들과 이 말들의 용법들을 갖춘 이야기의 한가운데에서 산출되어야만 했던 것이다.

　왜냐하면 애초에 이중 전선에서 새로운 역사의 전투가 벌어지기 때문이다. 역사에 가능한 모든 확실성을 가져왔노라고 자부했던 구-학파 앞에서, 유능하건 그렇지 않건, 과학의 전도자들은 새로운 역사의 요람 위로 기울고 있었다. 그 전도자들은, 물론, 새로운 역사가 과학적 확실성의 지형 위에 놓이도록 결정적 일보를 독려했다. 사건들을, 사건들의 무의미한 연속을, 사건들의 우연적인 인과성을 포기하는 것. 사실들로, 즉 더 이상 어떤 특수한 주체에게도 귀속되지 않으며 반복 속에서 관찰되는 사실들로, 속성에 따라 분류되며 동일 유형 또는 다른 유형의 사실들과 연관되는 그런 사실들로 사건들을 대체하는 것.

이런 것들이 저 결정적 일보이다. 또 이 전도자들은 새로운 역사의 새로운 대상들에 적합한 자료들과 방법들을 찾고 구사할 수 있는 수단들을 새로운 역사에 제시했다. 새로운 역사는 사회학자들과 경제학자들의 중개로 통계학자들의 가르침을 따랐던 것을 자랑스러워하게 될 것이다. 새로운 역사는 낡은 역사의 세 우상 — 즉, 정치, 연대기, 개인 — 을 단칼에 베어버리는 시미앙Simiand 유의 도발에 진 빚을 인정하게 될 것이다. 그런데 시미앙보다 훨씬 전에 루이 부르도Louis Bourdeau라는 무명의 철학자가 1888년에 출간한 두꺼운 책에서 새로운 역사의 표식이 될 윤곽을 논쟁적으로 묘사한 바 있다. 바람이 불어도 물결이 거의 일지 않는, 그 심부의 평온이 개인들과 사건들의 잔물결과 대립하는, 그런 바다 말이다. 가장 떠들썩했던 사건들의 실질적인 진폭은 어느 정도였던가, 라고 그는 물었다. 프랑스 혁명이 4억의 중국인에게는 존재한 적이 없는 것이었으며, 프랑스 안에서도 "가장 격렬한 선동가들의 목소리와 가장 반향이 컸던 승리의 포성"이 가장 하층에 있는 주민 층에게까지 다다르지는 못했다. "외진 산골이나 평화로운 여러 마을에서는 마치 온 세상을 덮어버릴 굉음을 내는 것만 같던 이 사건들에 대한 말소리가 전혀 들리지 않았다." 하지만 외진 산골들은 아예 논하지 말자. 대혼란의 중심지로 추정되는 곳에서도 사건은 사태의 표면에서 미끄러졌다. "사건들이 어떠하든 간에, 각자는 일상의 생업을 계속 꾸려간다. 씨를 뿌리고, 수확하고, 물건을 만들며, 팔고, 사고, 저마다의 필요와 용도에 따라 소비한다.

[…] 공포정치로 지극히 암담했던 시절에도, 파리의 23개 극장은 성업 중이었다. 어디에서는 오페라 〈코리상드르*Corisandre*〉를 '흥겹게' 상연했고, 다른 데서는 감상적이거나 익살맞은 작품들을 상연했다. 카페는 사람들로 붐볐고, 산책하는 이들도 아주 흔했다."[2] 결론은 자명하다. "사실들의 일반적인 질서와 전반적인 전개를 숙고하는 이에게는 어떤 특수한 사건도 연구할 만한 것이 못 되는 것 같다. 이런 사건들은 인간사의 바다 위에서 차례로 사라지는 파도에 불과하다. 파도 위에서 흔들리는 고깃배를 모는 어부는 자기 주변에서 산과 심연을 보고 있다고 믿는다. 하지만 바닷가에 서서 먼 곳을 향해 시선을 두고 있는 관찰자가 지각하는 것은 파도에 거의 흔들리지 않으며 부동의 수평선으로 이어지는 잔잔한 표면뿐이다."[3] 움직이지 않으면서도 유동적인 이 역사의 수평선을 사고한다는 것, 그것은 한참 뒤에 "물질문명"이라는 사실이나 "망탈리테"라는 현상으로 불릴 "기능적 현상들"을 연구하는 것이었다. 이 기능적 현상들은 인간 활동의 기본적인 상수들, 즉 먹고 사는 것, 생산하고 교환하고 전달하는 것, 웃고 사랑하는 것, 인식하는 것, 창작하는 것 따위의 필연성과 관련되는 그런 상수들과 결부된 현상들이다. 이런 활동들을 관성의 질서에서 떼어내 창안의 세계로 내던지는, 거의 감지되지 않는 흐름을 추적하는 것이 역사의 임무였다. 이를 위해, 역사는, 모든 과학과 마찬가지로, 나름의

---

2. Louis Bourdeau, *L'Histoire et les historiens*, Paris, 1888, p. 120-2.
3. *Ibid.*, p. 122.

코페르니쿠스 혁명을 감행해야만 했다. "역사에서 가장 중요한
인물, 그 누구보다도 더 경축해야 할 영웅, [⋯] 즉, 무명의 군
중"[4]을 향해 방향을 돌려야만 했던 것이다. 저 진정한 영웅들과
무명의 창안자들이 행하는 눈에 띄지 않는 노동을, 바로 이 노
동이 자신의 언어로 말하는 곳에서 인식하는 것이 필요했다.
그 언어는 익명의 다수자들에게 적합한 것으로, 수와 기능의
언어이다. "인간에 관한 사실들을 다루는 과학, 그토록 오랫동
안 서술적이고 문학적이었던 그것이 마침내 거의 전적으로 양
적인 것으로 되어야 한다. 그 과학이 연구하는 본질적 대상인
기능적 현상들은 사실상 크기를 결정하는 두 가지 방식, 즉 대
수적인 방식과 기하학적인 방식으로 측정될 수 있다. 한편으로
는 그 현상들을 수로 나타낼 수 있으며, 다른 한편으로는 도표
나 지도 같은 방식으로 재현하여 그 현상들을 시각적으로 나타
낼 수도 있다. 후자의 방식에서는 그 현상들이 선명한 이미지
들로 요약된다. 이러한 이미지들은 그 변형과 연관과 법칙이
대단히 투명해 보이는 그런 사실들의 장기 계열의 보편 언어를
대신한다. 과학의 위엄을 갖추게 된 역사의 이상은 자신이 이
해하는 바를 모두 이런 식으로 표현하는 데 있을 것이며, 이러
한 정식화들을 해명하거나 논평하기 위해서만 말을 쓰는 데 있
을 것이다."[5] 말과 글로 이루어진 역사들의 불확정성에서 벗어
난, 여전히 "인간의 삶에 대한 소설"에 불과했던 것을 실재적

---

4. *Ibid.*, p. 29.
5. *Ibid.*, p. 291-2.

인식으로 전환시킬 수 있는 역사 과학이야말로 이상일 것이다. 이러한 과학이 인구, 생산, 교역의 데이터에만 갇히는 일은 결코 없을 것이다. 오히려 이 과학은 좀 더 의미를 담고 있는 것들, 예컨대 자격증이나 서적상 또는 도서관에 대한 통계에 근거하는 지성사라든가, 정서나 풍속이 적나라하게 말하는 곳, 즉 결혼에 대한 통계 또는 유언장에 대한 분석을 통해 연구되는 정서와 풍속의 역사로 이어졌다.

이는 뤼시앙 페브르Lucien Febvre가 인구통계학의 과학적 우월함을 데모스démos의 새로운 정치적 군림에 연결시키면서 주장하고자 했던 혁명과 동일한 것 아니었나? 이는 나중에 사건의 기만적인 파도 또는 섬광에 관해 페르낭 브로델Fernand Braudel이 취하게 될 담론과, 인간의 현실을 그 상관관계의 망 안에서 완벽하게 통합할 수 있는 계열사의 능력에 관해 피에르 쇼뉘 Pierre Chaunu가 취하게 될 담론과 동일한 것 아니었나? 무명의 부르도는 승승장구한 아날학파의 역사가 은혜를 저버렸던 그런 인정받지 못한 선구자였을까? 그렇지 않다고 답해야 한다. 아날학파의 역사가들은 은혜를 저버린 것이 아니라 명석했던 것이다. 그들은 과학주의 시대의 의사들이 회춘의 약인 양 처방해 주었던 것들이 실은 안락사의 수단이라는 점을 이해하고 있었다. 역사들의 기만적인 언어를 수학의 보편적인 언어로 대체하는 쪽으로 초대하는 것, 그것은 스스로 의식하지 못한 채 고통 없이 죽는 쪽으로 역사 과학을 초대하는 것이었다. 장기 지속의 통계학들이 장차 제공하게 될 것, 그것은 비교사회학의 요소들일 것이다. 역사는 사회적인 잔여 현상들을 해명하기 위해 일정한 경우에 유용한 통시적 차원에 다름 아닐 것이다. 과학의 위엄을 갖추게 된 역사란 실은 자신의 대상을 제공해 주었고 자신의 인식 수단을 처방해 주었던 거대 사회과학 안으로 사라져버리는 역사였다. 기본적으로 이렇게 생각했던 것은 과학적 역사를 야유했던 적들뿐만 아니라 호의적인 조언자들이었던 뒤르켐 학파의 경제학자들과 사회학자들도 마찬가지였다.

장기지속, 물질문명, 대중의 생활 등의 새로운 대상들을 정의할 수 있었다는 점과 이것들을 수의 언어라는 새로운 도구들에 합치시킬 수 있었다는 점에서만 역사가의 혁명이 고유함을 갖는 것은 아니다. 그 고유함은 과학주의 시대의 세이런들이 유혹하는 노래 소리가 울리는 가운데 사멸의 위협을, 과학화라는 명제 아래 숨어 있는 딜레마, 즉 역사인가 아니면 과학인가라는 그 딜레마를 인식할 줄 알았다는 점에 있다. 그 고유함은 이러한 딜레마에 대처하기 위하여 동음이의 작용을 지속시킬 줄 알았다는 점에 있다. 왜냐하면 그런 작용만이 역사 아니면 과학이라는 양자의 이접을 양자의 접속으로 전환시킬 수 있었기 때문이다. 양자의 접속이란 과학이면서 역사인 것, 즉 비-역사이면서 역사인 것을 가리킨다. 이것은 이름들과 사건들을 접합하는 힘으로, 이야기의 존재론적 불확정성에 연결되지만, 또한 역사 과학 일반의 종별성을 보존하는 데도 적합한 그런 힘이다. 역사가의 혁명, 이것은 모순적인 것들의 접속 공간을 정비하는 것이다. 이런 창안에 바치는 우리의 오마주는 자칫 오도

될 수 있다. 가령 뤼시앙 페브르와 페르낭 브로델이 학위 논문인『펠리페 II세와 프랑슈—콩테』와『지중해와 펠리페 II세 시대의 지중해 세계』(이하『지중해』)의 제목을 외교적으로 지었다고 탄복할 따름이라면 그렇게 오도될 것이다. 그들은 자신들의 새로운 과학적 관심 — 장기지속에 의해 형성된 거대 생활공간들의 역사 — 과, 위인들과 외교사에 집착하던 늙은 스승들에게 응당 지녀야 할 존경을 조화시켰다고 생각했으며, 생각하도록 부추겼다. 하지만 이러한 접속 솜씨는 단지 규범에 따라 신중함과 학문적인 존경을 갖춘 결과로 나오는 것이 아니다. 새로운 역사의 관심과 연구를 왕들 자신의 이름과 다시 연결하는 저 '와*et*'는 수사학의 사안이 아니다. 이 '와'는 역사냐 과학이냐의 양자택일에 대한 이 역사가들 특유의 대응이다. 이것은 단순한 말의 문제가 아니다. 이것은 지식의 대상과 언어를 시학적으로 정교화하는 것에 속한다. 뤼시앙 페브르의 특별한 천재성은 직관적으로 다음과 같은 점을 이해했던 데 있다. 역사라는 이름의 양가성을 작동시킴으로써만, 언어의 실천 속에서 과학과 문학의 이항대립을 거부함으로써만, 역사의 혁명을 이룩할 수 있다는 점 말이다. 이는 단순히 한쪽의 엄밀함을 다른 쪽의 매력과 조화시키는 일이 아니었다. 오히려 역사들의 언어만이 역사 과학에 고유한 과학성을 나타내는 데 알맞다는 것이 그 심층에 자리하고 있다. 신생 과학을 늙은 선생들의 편견 및 제도의 규칙에 조화시키는 수사학의 사안이 아니라, 역사들의 진실한 만큼이나 허구적인 언어를 진리의 언어로 구성해 내는

시학의 사안이 그 심층에 있었던 것이다. 역사라는 낡은 말과
벌인 역사가들의 백년전쟁은 신생 과학이라면 모름지기, 시간
이 얼마나 걸리든 간에, 자신의 이데올로기적 전사前史와 치러
야만 할 그런 결산에 해당되는 것이 아니다. 어휘와 문법과 구
문을 둘러싼, 종결될 수 없으며 끝없이 논쟁적인 조정이야말로
이 전쟁에 고유한 역동성의 원칙이다. 요컨대 명명의 어휘, 귀
속의 문법, 접속과 종속의 구문, 이런 것들에 의해 역사들의 언
어는 자신의 불확정성을 작동시켜서 마침내 그 불확정성의 제
거를 실행하며, 또한 역사들의 언어 자체가 스스로를 부인하여
마침내 과학과 이야기의 불가능한 합치를 추동하며, 사건의 시
간과 이 사건을 소거하는 시간의 등가성도 추동한다.

후술될 부분에서는 이러한 구성의 몇몇 특이한 매듭들을 연
구할 것이다. 이러한 구성은 왜 몇몇 대표적인 대상들과 형상
들에 집중되는 방식으로 작동되었는가? 어떻게 이러한 대상들
과 형상들이 플롯을 이루는가? 이러한 플롯들의 논리와 일련
의 통사적 용법들(주어와 보어와 속사를 배치하는 방식, 접속사와 종
속절, 동사의 현재와 과거 시제, 동사들의 현존과 부재를 구사하는 방식
등의 통사적 용법들)의 논리 사이에는 어떤 관계가 있는가? 여기
서 제기되는 질문은 역사가들의 스타일에 대한 것이 아니라 과
학의 서명signature에 대한 것이다. 이 서명은 개인별로 어떤 담
론에 붙이는 부속물이 아니라, 그 담론의 정체성을 표시하는
것이며, 고유명사와 보통명사를, 말과 사물을, 말하는 존재들
의 질서와 인식 대상들의 질서를 총괄해 주는 고유한 이름이

다. 이 서명에 대한 연구는 내가 **지식의 시학**_poétique du savoir_이
라고 부르려는 것에 속한다. 일단의 인문적 절차들procédures
littéraires, 즉 이 절차들에 의해 하나의 담론이 문학에서 벗어나
과학의 위상을 점하고 과학의 의미를 지니게 되는 그런 일단의
절차들에 대한 연구가 지식의 시학이다. 하나의 지식이 어떤
규칙들에 따라 특정 장르의 담론으로 쓰어지고 읽히고 구성될
때, 지식의 시학은 바로 그런 규칙들에 관심을 갖는다. 지식의
시학은 저 지식이 지향하는 진리 양식을 정의하고자 하는데,
이는 진리 양식에 규범을 부여하려는 것이 아니라 그 진리 양
식이 주장하는 과학성이 유효한지 여부를 가리고자 한다. 물론
지식의 시학은 특히 이른바 인문·사회과학에 관련되는데, 인
문·사회과학은 두 세기에 걸쳐 이런저런 부침을 겪으면서도
진정한 과학들 안에서 자기 자리를 찾으려 했고, 여전히 문학
또는 정치에 속하거나 심지어는 이 둘 모두에 속하는 것 아니
냐는 끝없는 의혹을 떨쳐내려는 시도를 기울여 왔다. 지식의
시학은 이러한 의혹을 확인해 주려는 것이 아니며, 역사 또는
사회학을 과학적 야망으로부터 문학적 기법이나 정치적 전제
들로 되돌리려는 것도 아니다. 오히려 지식의 시학은 과학과
문학과 정치의 삼중 접합이라는 구성적 특징을 확증한다. 인
문·사회과학들은 과학의 시대의 아이들이다. 기초 과학들에
서 일어난 일련의 결정적인 혁명들의 시대이자 또한 과학적 믿
음의 시대, 즉 문제가 되고 있는 저 혁명들과 필연적인 연계를
갖지는 않는 그런 특정한 과학적 합리성의 관념에 따라 모든

유형의 합리성을 사고하는 그런 시대의 아이들인 것이다. 하지만, 사람들이 너무 쉽게 잊고 있는 것이 있으니, 과학의 시대는 또한 문학의 시대였다. 이 시대에 비로소 문학은 스스로를 문학으로 명명하며, 시학적 장르들과 순문학belles lettres의 인습적 기법들을 나누는 규칙들에 따라 문학 행위 본연의 엄밀함을 허구의 단순한 매혹으로부터 분리해 낸다. 마지막으로 그 시대는, 사람들이 잘 "아는" 바이지만, 민주주의 시대이다. 민주주의를 반대하거나 불안하게 여겼던 이들의 눈에도 민주주의가 근대 정치의 사회적 운명으로 보인 시대였던 것이다. 거대한 대중의 시대이자 과학적으로 계산하기에 알맞은 대규모 규칙성의 시대이면서, 그러나 또한, 이런 것들의 객관적 엄밀함을 교란하는 새로운 무질서와 자의성의 시대 말이다.

새로운 역사는 이러한 시대와 형세에 속한다. 그러면서 그것은 거기에서 매우 특이한 자리를 점한다. 그것은 과학의 가난한 친척들 중에서도 가장 가난한 사촌, 통계학적 외관에도 불구하고 자연 언어에 근접한다든가 혼란스러운 여론이나 매혹적인 문학에 빠져버리는 그런 사촌 역할을 하는 걸로 얼핏 보일 수도 있을 것이다. 그런데도 종종 그것이 거기에서 선구자의 역할을 한다면, 제도화된 지 오래되었기 때문에 얻게 된 사회적 비중 덕택에 그런 것은 아니다. 오히려 그 이유는 그것이 워낙 빈털터리라, 과학과 문학을 가시화하고 나서 소거되는 언어가 구사하는 힘을 매우 근원적으로 탐사하게 된다는 점에 있다. 역사가 엄격하게 과학과 비-과학의 동음이의 공간 안에서 스스로를 유지했기 때문에, 아이들에게 들려주는 이야기들 contes과 초등학생들에게 가르치는 전래 설화의 명목을 역사가 보존했기 때문에, 삼중의 계약을 단일 담론에 접합해 낸다는 불가능한 임무를 역사가 훌륭하게 수행할 수 있었던 것이다. 삼중의 계약이란, 우선 과학적 계약. 정치의 가시적인 무게와 크기를 어떤 복합적 과정의 상관관계와 그 과정에 대한 정밀한 계산으로 대체함으로써, 외관상의 질서 아래 숨어 있는 질서를 발견할 것을 의무로 부과하는 과학적 계약. 이 숨어 있는 공간의 구조들 또는 이 복합적 과정들의 법칙들을 시작과 끝, 인물과 사건을 갖춘 역사라는 읽을 수 있는 형식들로 기입하기를 명하는 서사적 계약. 과학의 비가시성과 서사의 가독성을 대중의 시대의 모순적인 압박들(즉, 한편에는 공통의 법칙을 갖는 대규모 규칙들이 있다면, 다른 한편에는 혁명들과 반혁명들로 점철된 민주주의의 격동들이 있는 모순적인 압박과, 또는 한편에는 다중들의 숨겨진 비밀이 있으며, 다른 한편에는 어떤 공통의 역사에 관해 모두가 읽을 수 있고 모두에게 가르칠 수 있는 서사가 있는 모순적인 압박)과 연결하는 정치적 계약.

앞의 두 요청은 엄밀히 보면 서로 모순되는 것 같고, 세 번째 요청은 이 모순의 축소판이면서 또한 이 모순을 새롭게 전개시키는데, 과연 세 가지 요청을 어떻게 일괄해서 다룰 수 있을까? 역사가의 혁명의 핵심에 있는 이러한 접합을 파악하기 위해서는 역사가의 작업실 안으로 들어가야만 한다.

죽은 왕

새로운 역사를 대표하는 책인 『지중해』에 있는 특이한 이야기 하나를 생각해 보자. 결론 직전의 마지막 장에서 브로델은 우리에게 펠리페 2세의 죽음이라는 사건을 이야기한다.

그는 우리에게 이 사건을 이야기하고 있지만, 오히려 그가 말하고 있는 것은 그가 왜 우리에게 이야기의 정상적 순서에서 이 사건을 이야기하지 않았는지 그 이유에 관해서이다. "우리는 주변 세계 전역에 파문을 일으켰던 한 사건을 제 위치에서 거론하지 않았다. 펠리페 2세가 1598년 9월 13일에 운명했다는 사건 말이다."[1]

브로델은 그 자신이 사건과 이야기의 순서에 따른 제 위치에서 이야기하지 않았던 무엇인가에 대해 우리에게 이야기한다. 이야기를 중단시켰어야 할 장면이지만, 실상은 그러지 않았던

---

1. Fernand Braudel, *La Méditerranée*…, op. cit., p. 1085.

한 장면에 대해 말이다. 그러나 우리는 그 이유를 쉽게 이해한다. 그는 이미 천여 페이지에 걸쳐 그 이유를 우리에게 충분히 설명했다. 중단은 일어나지 않았다고. 저 바다와 땅에 울려 퍼졌던 이 소음은 그곳의 역사, 즉 세계의 중심이 지중해에서 대서양으로 기우는 역사에서는 그 어떤 사건도 가리키지 않는다고.

에스파냐와 포르투갈의 왕인 그의 죽음이 이 역사가가 다루는 역사에서 사건이 아니라면, 이 역사가에게는 두 가지 해법이 가능할 것 같다. 하나는 그 죽음에 대해 아예 말하지 않는 것이고, 다른 하나는 역사의 새로운 지형에서 의미 있는 사건으로 평가되지 않는 것에 대해 이야기하지 않는 것은 당연하다는 점을 설명하기 위해 그 죽음에 대해 말하는 것이다.

그런데 브로델은 과학의 관점에서나 이야기의 관점에서 덜 논리적으로 보이는 제3의 해법을 택한다. 그는 비-사건인 이 사건을 그에 합당했을 위치를 벗어난 곳에서 이야기하려 한다. 이 비논리성의 논리는 의심할 여지 없이 명료하다. 요컨대 그 사건을 전위한다는 것, 즉 책의 결론을 맺기 전 여백의 끝에 사건을 놓는다는 것, 이것은 그 사건을 고유한 메타포로 변형한다는 것이다. 펠리페 2세의 전위된 죽음, 우리는 그것이 어떤 역사, 즉 사건들과 왕들의 역사의 죽음에 대한 메타포가 된다는 것을 이해한다. 왕의 죽음은 더 이상 사건이 되지 못한다는 이론적 사건으로 이 책은 끝난다. 왕의 죽음이 의미하는 바는 역사의 중심이자 힘으로서의 왕은 죽었다는 데 있다.

이 사건은 설명될 수도 있을 것이다. [하지만] 이 역사가는 그것에 대해 이야기하기를 선택한다. 왕의 죽음을 역사에서 군주적인 형상의 죽음으로 이야기하는 것. 이야기의 원칙은 하나의 이야기를 다른 이야기로 대체하는 것이며, 펠리페 2세라는 주체에게 그의 것과는 다른 계열의 사건들을 귀속시키는 것이다. 새로운 역사가에 의해 이야기되는 펠리페 2세의 죽음은 주검-되기가 아니라 벙어리-되기일 것이다.

실제로 한 단락 한 단락 이야기가 흘러가면, 우리는 왕의 임종으로부터 존엄한 왕의 초상으로 되돌아가게 된다. 이야기의 완료 지점에 나오는 죽은 왕은 침상에서 죽어 가는 왕이 아니라 왕좌에 앉아 있거나 집무실에 있는 왕이다. 거기서 그는 은유적으로 죽어버린다. 말하지 못한다는 점과, 발언할 것이 전혀 없다는 점을 확증하면서. 문자la lettre 같은 죽음, 그림 같은 침묵. 플라톤이 『파이드로스』에서 그 그림의 어리석은 장중함을 생생한 언술의 힘에 대립시켰던, 여전히 계속 대립되고 있는, 바로 그것.

왕의 초상은 이렇게 재현된다.

"우리 역사가들이 머뭇거리며 왕에게 다가간다. 대사들을 맞을 때처럼, 그는 최상의 세련된 예법을 갖춰 우리를 대한다. 우리의 얘기를 들으면서 저음의 목소리로 대꾸한다. 종종 그 목소리를 알아들을 수 없다. 그는 자신에 대해서는 우리에게 전혀 말하지 않는다."[2]

---

2. *Ibid.*, p. 1086.

침묵하는 왕 또는 종이 왕. 이 역사가는 집무실 책상에서 빠른 글쓰기로 혹은, 플라톤 식으로 말하자면, 침묵의 글쓰기로 보고서에 주석을 적고 있는 왕의 모습을 우리에게 보여 준다. 그가 주석을 다는 것들은 물론 낡은 역사의 소재들, 즉 궁정의 사건들과 왕들의 심기에 관한 공문서들이다. 이렇게 묘사된 왕의 초상에서, 마치 관찰자의 입지에 따라 형태가 변하는 슬라이드 위의 초상을 볼 때처럼 시점을 달리함으로써, 예컨대 저 고명한 세뇨보스Seignobos 같은 늙은 대학 교수의 초상이나 또는 새로운 역사의 또 다른 공격 대상을 어찌 알아차리지 못하겠는가.

"여기에 있는 건 위대한 구상을 지닌 인간이 아니다. [...] 그는 끝없이 이어지는 소소한 일들의 와중에 자신의 업무를 처리한다. 그의 주석들 중에는 사소한 사실 정정, 명령과 지적, 심지어 틀린 철자나 지명 교정이 아닌 주석들은 단 하나도 없다. 그의 펜 아래에는 총괄적인 구상도 없고, 원대한 계획도 없다. 지중해라는 단어가 이 단어에 우리가 부여하는 그런 내용을 갖고 그의 정신 안에서 떠오르지는 않았다고, 지중해에 대해 우리가 떠올리는 빛과 푸른 물의 이미지가 그의 정신 안에는 없었다고, 난 생각한다."[3]

왕의 죽음, 이것은 누구에게는 왕일 수도 있고 또 다른 누구에게는 왕의 역사학자일 수도 있는 어떤 인물과의, 문자 또는

---

3. *Ibid.*, p. 1089.

종이 위의 어떤 인간과의, 저 바다가 뜻하는 바를 모른다는 점
에서 그의 침묵이 도드라지게 드러나는 어떤 벙어리와의 작별
이다.

우리는 이 장면에서 역사의 코페르니쿠스 혁명에 대한 단순
한 메타포를 읽을 수도 있을 것이다. 왕들의 역사를 바다의 역
사로 전위시키는 혁명, 바다의 역사에서 문명 공간의 역사와,
장기지속적인 대중의 생활의 역사와, 경제 발전의 역학의 역사
를 이해하는 혁명 말이다. 하지만 하나의 메타포가 의미하는
바를 알아보기에 앞서 먼저 그 메타포가 무엇으로 이루어져 있
는지를, 그중에서 고유한 것은 무엇이고 비유적인 것은 무엇인
지를 규정해야만 한다. 이 대목에서 어려움이 생기며, 텍스트
의 특이성이 우리를 사로잡는다. 과연 이 이야기에서 현실적인
것은 무엇이고 상징적인 것은 무엇인가? 어떤 사건들이 일어
나며, 누구에게 일어나는가? 왕들의 언술에는 세계의 역사에
대해 우리에게 가르쳐줄 대단한 것이 없다는 사실이, 왕은 낮
은 목소리로 말한다는 특성을 통해 어떻게 상징적으로 나타날
수 있는지를 우리는 안다. 그런데 정말 펠리페 2세는 낮은 목소
리로 말했나? 이건 사관들이나 대사들의 증언에서 우리가 알
게 된 왕의 면모인가? 또는 오히려 티치아노가 그린 초상화의
다문 입술에서 알게 된 면모인가? 또는 심지어 능에 안치되듯
에스코리알 궁에 유폐된 왕의 초상을 묘사한 실러를 원용하여
베르디가 왕에게 부여했던 저음의 목소리에서 알게 된 면모인
가? 이 역사가의 텍스트로는 그 여부를 알 수 없다. 게다가 그

는 이 군주 특유의 빠른 글쓰기를 어떻게 알았는지도 말하지
않을 것이다. 이 왕이 지중해에서 태양도 푸른 물도 떠올리지
않았다고 가정한 이유도 물론 말하지 않을 것이다. 여기서 상
징적 가치를 부여받는 개인적인 면모들은 또한 새로운 역사가
가 낡은 역사에 작별을 고하려고 의도적으로 지어낸 알레고리
적인 것들일 수 있다. 이에 관해서 텍스트를 그 어느 쪽으로도
단정할 수는 없다. 이 역사가는 자기가 한 주장들의 지위를 정
의할 수단을 우리에게 제공하지 않는다. 역사가가 다루는 인물
과 역사가 사이에서 사료 인용으로 인해 생기는 거리를 나타냄
으로써, 이 역사가는 이러한 거리의 삭제와 밀착된 텍스트 효
과를 없애버릴 것이다. 사실상 어떤 군림과 왕들의 역사를 결
산하는 학자의 목소리는 친숙함 속에서 현란한 '양의적 모순
어법amphibologie'에 빠져든, 군주의 대화 상대자의 목소리이기
도 하다. "우리 역사가들이 머뭇거리며 왕에게 다가간다. 대사
들을 맞을 때처럼, 그는… 우리를 대한다." 우리는 이 역사가
다가간다의 고유한 의미와 비유적인 의미를 활용하고 있음을
안다. 그 어떤 독자도 왕의 접견이 현실이며, 브로델이 실제로
펠리페 2세를 만났다고 생각하는 우를 범하지는 않을 것이다.
반면에 독자는 이 묘사에서 역사가들이 낡은 역사의 사료 제공
자들인 대사들과 같은 층위에 들어가 있는 것이 무엇을 뜻하는
지 자문할 것이다. 역사가는 왕에게 질문하며, 왕의 집무실 주
변을 서성이고, 글을 쓰고 있는 왕에게 몸을 기울이며, 심지어
어떤 대목에서는 격식을 차리기는커녕 군주의 서류들을 앞에

놓고 옥좌에 앉기도 하는 식으로, 이 장면에서 스스로를 표상하고 있는데, 과연 이것은 무엇을 표현하는가?

문장을 꾸미는 스타일인가? 아니면 왕이 우상파괴적인 이들의 펜 아래 놓인 이래 가장 우상파괴적인 역사가들로 하여금 생시몽 풍으로 왕의 초상과 장면과 품행을 작성하도록 몰아가는 일종의 격세유전인가? 문제는 여기서 **스타일**이 의미하는 바를 아는 데 있다. 기록 작가를 보면 그 차이가 분명해진다. 왕의 연대기 편찬자들의 기록은 과거 시제로 서술되었다. 왕의 집무실에 역사가가 들어가 있는 이 놀라운 장면은 새로운 역사의 이야기에서 현재 시제가 점하는 절대적 우위를 보여준다.

역사학자의 혁명은 이야기의 시제 혁명으로 표현된다. 이 점은 별로 언급되지 않았다. 리쾨르Ricoeur는 『지중해 세계』가 여전히 이야기 플롯을 따르고 있음을 제시하는 데 전념했다. 그러나 이런 논증을 시제의 문법적 용법 문제와는 분리한 것 같다.[4] 담론의 시제와 이야기의 시제에 대해 벵베니스트Benveniste가 행한 분석에 비춰볼 때, 이 역사가의 특이한 시제 용법에 어찌 강한 인상을 받지 않겠는가? 이제는 고전이 된 텍스트에서 벵베니스트가 두 가지 근본적인 규준에 따라 담론 체계와 이야기 체계를 대립시켰던 것을 우리는 알고 있다. 그 규준은 시제와 인칭의 용법이었다. 말을 듣는 상대를 설득하는 데 열중하

---

4. Paul Ricoeur, *Temps et récit*, Le Seuil, 1983[『시간과 이야기 I, II, III』, 문학과지성사, 1999-2004]. 이러한 분리는 어떤 부주의함이 아니라 저자의 현상학적인 관점에 따른 것임이 분명하다.

는 화자 개인의 연루가 두드러지는 담론의 경우에는 동사의 인
칭 형식을 모두 자유롭게 사용하는 데 반해, 3인칭이 선호되는
이야기의 경우에 3인칭은 사실상 인칭의 부재로 기능한다. 담
론은 불한정 과거l'aoriste를 빼고는 동사의 모든 시제를 다 사용
하지만, 본질적으로 사용하는 시제는 이 담론이 개진되는 순간
에 서로 연관되는 현재 시제, 완료 시제와 미래 시제이다. 반면
에 역사적 언표 행위는 현재 시제, 완료 시제와 미래 시제를 배
제하면서 불한정 과거 시제, 불완료 시제와 대과거 시제로 이
루어진다. 시제의 거리와 인칭의 중립화는 감당 못할 객관성을
이야기에 부여하는데, 이는 담론의 단정적인 현존이나 자기-주
장 능력과 대립된다.[5] 이런 대립적 틀에 따르면, 역사학자의 역
사는 이야기와 담론의 조합이라 정의될 수 있는데, 여기서 이
야기하기는 그 이야기를 논평하고 설명하는 담론의 틀에 의해
규정된다.

  새로운 역사의 작업은 모두 이러한 대립의 작동을 어긋나게
하려는 것이며, 담론 체계 안에서 이야기를 짓는 것이다. 『지중
해 세계』의 가장 "사건적인" 부분에서조차 담론의 시제(현재와
미래)가 이야기의 시제와 경합을 벌인다. 결국 담론의 시제가
지배적인 것으로 되어, 이야기가 "역사 이상의 것"이 되는 데
필요한 확실성이라는 힘을 이야기의 "객관성"에 부여한다. 장
기지속의 사실과 마찬가지로 불시의 사건도 현재 시제로 언급

---

5. Emile Benveniste, *Problèmes de linguistique générale*, Gallimard, 1966, p.
231-50[『일반언어학의 제문제 I』, 민음사, 1992, 336-60쪽].

된다. 이전 행위와 나중 행위의 관계는 후자의 미래 시제로 표현된다.

이야기의 이런 재조직은 벵베니스트가 말하는 문법상의 "역사적 현재" 시제인 "스타일의 기교"로 귀착될 수 없다. 여기서 문제가 되는 것은 수사학적 어법이 아니라 지식의 시학이다. 요컨대 진리의 새로운 체제를 역사가의 글로 창안하는 것이 문제인데, 이 새로운 진리 체제는 이야기의 객관성과 담론의 확실성이 조합되어 산출된다. 이야기되는 사건들을 담론적 설명의 틀 안에 삽입하는 것은 더 이상 문제가 아니다. 현재 시제로 이야기를 짓는 것은 담론과 유사한 주장의 힘을 발휘한다. 사건과 이에 대한 설명, 법칙과 이에 대한 예증, 이것들은 모두 동일한 현재 시제로 언급된다. 이것은 『물질문명과 자본주의』의 한 대목에서 훌륭하게 제시된다. 전염병들이 장기지속 안에서 규칙적으로 진행되는 것을 분명한 사례를 들어 설명하는 그 대목은 다음과 같다. "예외 없는 또 다른 규칙: 전염병들은 두 발을 모아 한 무리의 사람들에게서 다른 무리의 사람들에게로 뛰어간다는 것. 토스카나 대공이 영국으로 파견하는 알론소 몬테쿠콜리는 영국의 페스트가 막 퍼진 칼레가 아니라 […] 불로뉴를 통과할 것이다."[6] 규칙의 시제는 사건의 시제와 동일하다. 이 동일성은 또 다른 동일성과 짝을 이룬다. 다시 말해, 고유한

---

6. Fernand Braudel, *Civilisation matérielle et capitalisme*, Armand Colin, 1967, t. 1, p. 60[『물질문명과 자본주의 I-1』, 까치, 1995, 99쪽, 본문 맥락에 맞게 번역문 수정].

것과 비유적인 것의 동일성, 즉 통과하는 대사와 뛰어가는 전염병이 동일한 실존 양상을 갖는다는 점과 짝을 이룬다. 새로운 역사는 말에 대한 사물의 우위를 확실히 하고자 하며, 각 시제의 가능태들을 한정하고자 한다. 하지만 사물의 비중과 시제의 종별성을 이렇게 구별하는 것은 구별할 수 없음이라는 시학적 원리에 근거해서만 기능할 수 있다. 전염병의 진행이라는 사실을 다루는 담론과, 왕과 역사가의 만남이라는 허구를 다루는 이야기가 동일한 구문론과 동일한 존재론에 속한다. 고유한 것과 비유적인 것은 여기서 비슷해서 구별할 수 없으며, 왕이 역사가를 접견할 때의 현재 시제는 대사의 여정을 다룰 때의 과거미래futur passé 시제에 조응한다.

왕의 죽음에 대한 이야기의 특이함은 이러한 언어학적 재구성의 견지에서 해명될 수 있을 것 같다. 왕의 죽음은 이중의 의미로 작동되는 것을 비유적으로 나타낸다. 왕의 죽음이 표시하는 것은 낡은 역사 특유의 이야기 체계가 담론 체계로 흡수되는 것인데, 이를 통해 낡은 역사는 하나의 과학이 될 수 있다. 또한 그것은 역으로 담론의 범주들을 갖고 이야기를 짓는 것을 나타내기도 하는데, 이것이 없다면 새로운 과학은 더 이상 하나의 역사일 수 없을 것이다. 이야기-알레고리, 즉 구별할 수 없음으로 이루어진 이야기가 담론 범주들과 이야기 범주들의 이러한 교환을 작동시키는데, 이러한 교환에 의해 새로운 역사는 왕의 연대기의 소멸 위에서 서술될 수 있게 된다. 살아 있는 역사가와 죽은 왕의 특이한 대면도 시제의 혁명에 상응하는 인칭대명사의 혁명을 비유적으로 잘 나타낼 수 있을 것이다. 역사학자 집단이 군주의 칭호에서 차용해 온 인칭대명사 우리 *Nous* 주변에서, 이야기 범주인 거리두기의 그와 담론 범주인 현존의 나가 각각의 속성들을 교환한다.

하지만 왕에게는, 물론, 대명사의 기능을 뛰어넘는 것, 이야기의 지나간 시간에 어울리는 3인칭을 뛰어넘는 것이 있다. 또한 왕은 대표적으로 1인칭으로 말할 자격을 갖고 있는 자이다. 1인칭 복수형으로 '짐Nous'이라 자칭하면서 자신의 말의 특이성과 이를 초과하는 정당성의 심급을 동일시하는 자인 것이다. 그는 말하는 존재들의 집합에, 말하기와 명명의 용법과 관련된 정당성 규칙들의 집합에 질서를 부여하는 대표적인 고유명사요 서명이다. 왕에 대한, 그의 말하기와 쓰기에 대한 형상화는 이야기-지식의 시학이 정치와 접속하는 지점이다. 즉, 과학의 정당화가 정치적 정당성의 형상들과 만나는 지점이다.

외견상으로는 이러한 접속에 문제가 없어 보인다. 펠리페 2세의 죽음에 대한 허위의 이야기는 군주들을 역사의 대상으로 인정하지 않는 것이나, 대사들을 역사적 지식의 자료들로 인정하지 않는 것을 의미한다. 그들의 자리에 들어서는 것은 왕의 정신에 부재하는 것이요, 공작의 대사가 회피하는 것이다. 즉, 인간들의 역사를 만들며 또한 인간들에 의해 자신의 역사가 만들어지는 저 푸른 바다, 전염병에 급속도로 감염되는 대중, 그리고 집단 현상들의 대규모 규칙성들이 바로 그런 것이다. 역사는 자신의 이런 새로운 대상들에 대한 인식을 공간과, 유통과, 인구와, 집단적 사실들에 대해 과학들이 제공하는 것들을 교차시키는 가운데, 그리고 지리학과, 경제학과, 인구학과 통계학과의 접맥 속에서 다듬어간다. 이러한 과학의 전위는 정치의 전위에 상응한다. 그 정치가 고동치는 것은 이제 왕들의 시간이 아니라 대중의 시간이다.

하지만 이러한 구도 안에는 왕들의 탈정당화가 학문적 역사의 새로운 정당성에 미친 결과를 이렇듯 너무 단순화하는 것에 저항하는 무엇인가가 있다. 새로운 역사와 낡은 역사의 관계 안에, 왕들과, 대사들과, 역사가와, 대중 사이의 저 사변형 안에 있는 어떤 은밀한 비대칭 같은 그 무엇. 저 "좋은" 대상(예컨대 왕의 정신에는 들어 있지 않았던 햇빛 반짝이는 푸른 바다라든가, 대사가 피해 가려는 과학적 법칙을 희생을 치르며 입증한 대중)들의 특이한 지위 같은 그 무엇. 역사가들과 함께 왕을 접견하며 외교문서들을 작성하는 대사들의 존속 같은 그 무엇(외교문서들을 하찮은 것으로 만들어버리는 것이 바로 그 외교문서들 자체에 의해 시사된다). 이 구도 안에 들어가 왕의 집무실에 머물면서, 왕이 주석을 적고 있는 서류들 속에는 어떤 비밀이 숨겨져 있지만 그와 동시에 드러나 있다는 듯이, 에드가 포우의 탐정마냥 이 서류들에 시선을 던지는 역사가의 특이한 자만 같은 그 무엇. 이 서류더미는 아마 궁정의 사태와 비밀에 관해 대사들이 보낸 문서들일 것이라고 우리는 짐작한다. 그러나 책의 서문에서, 알레고리적 이야기가 아니라 방법론적 진술을 하는 바로 그 서문에서, 저자는 기이한 삽입절을 통해 사건사의 함정에 대한 고발을 중단하고 왕의 앞에 있는 특이한 읽을거리들을 제시한다.

"우리의 삶이 그렇듯이, 동시대인들이 자신들의 짧은 삶의 리듬에 따라 느끼고 묘사하며 살아갔던 이 뜨거운 역사를 조심하자. 이 역사에는 당대인들의 분노와 꿈 그리고 미망의 차원이 담겨 있다. 16세기에, 진짜 르네상스 뒤에, 빈민들의 르네상스, 글쓰기와, 자신에 대해 이야기하기와, 타인들에게 말하기에 열광하는 비천한 이들의 르네상스가 올 것이다. 이들에게서 나오는 겉멋 들린 서류들은 모두 심하게 변형되어 있으며, 이 잃어버린 시간으로 부당하게 몰려와 거기서 진리 바깥의 자리를 차지한다. 펠리페 2세의 자리에 앉아 있기라도 한 듯, 그의 서류를 읽는 역사가가 옮겨가 있는 곳은 바로 이 기묘한 일차원 세계이다. 생생한 정념들의 세계. 우리의 경우도 그렇지만 모든 삶의 세계와 마찬가지로, 심층의 역사에, 우리가 타고 있는 정처 없이 빠르게 나아가는 배 밑에서 흐르는 생생한 물결에 무관심한 맹목의 세계."[7]

사건사의 방법에 대한 담론 이후에, 왕의 종언에 대한 이야기 이후와 마찬가지로, 논리의 흐름은 두 현재를 일치시키며 역사가를 왕의 "위치"로, 그의 고유한 메타포인 어떤 자리로 데려간다. 거기에서 새로 네 인물이 만난다. 왕, 역사가, 대사들을 대신하는 빈민들, 그리고 여기서는 전적으로 메타포의 지위를 갖는 바다. 방법에 대한 이 담론–이야기는 사건에 대한 이야

7. *La Méditerranée*…, op. cit., p. VIII-XIV.

기-담론과 쌍을 이루는데, 이 담론-이야기 안에서 고유한 것과
비유적인 것의 작용은 또 다른 주요한 양의적 모순 어법을, 덜
엉뚱하지만 더 신비한 양의적 모순 어법을 축으로 전개된다.
바로 "빈민들의 르네상스." 비유적으로 말하자면, 본질에 입각
하여 파악되는 진짜 르네상스에 대립하는 허위의 르네상스이
자 희화적인 르네상스. 고유한 의미에서 말하자면, "비천한 이
들"이 체험했던 그대로의 르네상스이자 그들이 자신들의 열등
하고 뒤쳐진 위치에서 이해하고, 표현하고, 오해했던 그대로의
르네상스. 돌연 미래 시제로 들어왔다가 곧 장면에서 사라지는
이 비천한 이들은 정확히 누구인가? 자신들의 분노와 정념을
쓸 수 있는 이들이 16세기에 그토록 많았던가? 그들의 글이 군
주들에게 인식되고 그 집무실에 쌓이는 일은 통상적인 것이었
나? 왕의 문서고와 역사서술을 청산해야 할 역사가가 해석하
는 문서들을 대표할 정도로 그렇게 이 서류더미들이 몰려들었
던가? 이 성가신 서류더미에 대해 우리는 이것의 비-자리non-
lieu 이외에 아는 것이 없다. 이 대목에서 역사가가 우리에게 제
시하는 것으로 보이는 것, 즉 규정된 준거를 모두 벗어나 있는
그것은 양의적 모순 어법 내부의, 고유한 것과 비유적인 것을
통합하는 어떤 우화, 즉 플라톤적인 **뮈토스**mythos로서의 어떤
것이다. 여기서 빈민들은 어떤 정의된 사회적 범주가 아니라
비-진리와의 본질적 관계를 나타내는 것이다. 빈민들은 사건의
층위에서 맹목적으로 말하는 이들이다. 왜냐하면 말한다는 사
실 자체가 이들에겐 하나의 사건이기 때문이다. 그들은 글쓰기

와, 타인들에게 말하기와, 자신에 대해 이야기하기에 "열광하
는" 이들이다. 열광은 해서는 안 될 일을 행하는 자들의 흔한
결함이다. 빈민들은 말하기가 당연한 일이 아니기에 말을 잘
못한다. 역사가의 과학의 알레고리 안에서, 빈민들은 지식의
"좋은" 대상인 대중의 이면을 나타낸다. 대중의 변질은 자신들
의 자리 바깥으로 벗어나면서, 자신들의 객관화의 규칙성을 벗
어나는 것을 통해 말하는 주체들로, 또한 자신들에 대해 이야
기하고 타인들에게 이야기하는 주체들로 단편화되고 분해되면
서 이루어진다. 역사의 주체들 또는 역사가들이 되기를 열망하
는 역사의 대상들이 빈민들이며, 해체되어 말하는 존재들로 분
해된 대중이 곧 빈민들이다. 군주적인 말하기의 탈정당화와 이
말하기의 공백 위에서 역사가의 과학의 정당성을 확립한 것으
로 보이는 코페르니쿠스 혁명의 핵심에, "빈민들의 르네상스"
가 또 다른 공백, "그것의" 혁명의 시뮬라크라를 들여온다. 역
사를 그 누구의 말하기든 이 말하기를 중심으로 회전하도록 만
드는 시뮬라크라. 이 쓸모없는 서류더미의 혁명은 왕의 자리와
역사가의 작업장으로 동시에 몰려와 양자의 부정적인 연대를
규정한다.

　빈민들의 쓸모없는 서류더미와, 죽은 왕의 자리와, 역사가의
엄밀한 방법을 노리는 위험들 사이에서 새로운 역사의 알레고
리가 그리고 있는 이 신비한 관계를 어떻게 이해할 것인가? 이
를 위해서는, 얼핏 길어 보이는 우회를 거쳐, 왕의 또 다른 죽
음에 관심을 기울여야 할 것 같다. 이 죽음은 펠리페 2세의 조

용한 죽음으로부터 반세기가 흐른 뒤 한 철학자가 영국의 찰스
1세의 폭력적인 죽음, 즉 최초의 근대적인 시역이자 이 시역의
정당성을 정치적으로 정립한 초유의 죽음에 관한 틀을 제시한
두 권의 책 안에서 개념화된다. 나는 지금 토마스 홉스Thomas
Hobbes의 『시민론』과 『리바이어던』을, 그중에서도 특히 반란들
의 원인들을 다루는 장들에 대해 생각하고 있다. 이 장들이 우
리의 주목을 끄는 이유는 홉스가 정치와 과학에서 이 반란에
의해 나타나는 위험들 사이의 관계를 사유하기 위한 극작법과
모델을 반란에 대한 ─ 정치체의 불균형들과 병들에 대한 ─
사유의 전통 안에 도입하기 때문이다.

　두 가지 본질적인 특징이 이 새로운 극작법을 정의하며, 이것
을 플라톤과 아리스토텔레스에게서 유래하는 전통과 대립시킨
다. 정권들의 분류와 이것들의 상호 전화의 원인들은 이제 더
이상 문제가 아니다. 정치체 그 자체의 삶 또는 죽음이 문제이
다. 각각의 정권을 보존하는 데 적합한 법칙들이나 각 정권의
몰락 원인들은 더 이상 문제가 아니다. 어떤 정치체든, 정치체
의 보존 법칙들과 정치체의 해체를 유발하는 법칙들이 문제이
다. 이어서 두 번째 구별되는 특징은 훨씬 더 급진적인 이 효과
들이 겉보기에 훨씬 더 경미한 원인들에 의해 산출된다는 점에
있다. 고대의 사유에서는 반란의 여러 원인들이 두 가지 주요
한 사항, 즉 계급 갈등과 권력 배분의 불균형으로 귀착된다. 하
지만 근대 정치체의 와해 원인은 이보다 훨씬 더 사소하다. 바
로 여론이 원인이거나, 잘못 사용되는 말들 또는 부적당한 문

구들로 인한 사안들이 그 원인들이다. 정치체는 여기저기 어디든 돌아다니는 말들과 문구들, 예컨대 "권위의 목소리보다는 자기 양심의 목소리에 귀 기울여야 한다"라든가 "폭군들을 제거하는 것은 정의롭다"처럼 너무나도 자족적인 파당적 선전가들의 문구에 의해 위협 받는다. 정치의 병, 이것은 우선 말들의 병이다. 투쟁의 목표 이외에는 그 어떤 것도 묘사하지 않는 말들이 넘친다. 이 말들은 저 목표를 겨누는 살인자들을 무장시킨다.

가령 **폭군** 또는 **독재자**라는 말을 예로 들어보자. 그와 같은 이름은 사실 그 어떤 계급이나 속성을 이르는 이름이 아니다. 다음의 둘 중 하나일 수밖에 없는데, 사람들이 죽이려 하는 소위 '독재자'는 정당한 군주이거나 아니면 찬탈자이다. 전자를 향해서, 정치적 협약은 명백히 복종을 명한다. 후자를 향해서도 반란의 **권리**란 존재하지 않는다. 왜냐하면 찬탈자는 그의 신민들이 정당하게 처단할 수 있는 그런 나쁜 군주가 아니기 때문이다. 그는 단지 어떤 협약도 맺을 수 없는 적일 뿐이다. 그와 정치체의 성원들은 정당성의 갈등을 빚는 것이 아니라 오직 전쟁 관계를 맺을 뿐이다. 독재자 또는 폭군이란 지시대상이 없는 말이요, 부당한 이름이며, 그 자체로 모종의 찬탈의 소산이다.

홉스가 보기에, 정치가 병드는 것은 이런 지시대상 없는 이름들과, 있어서는 안 되는 문구들 탓이다. 그렇지만 이러한 문구들은 두 가지 이유들 때문에, 혹은 두 가지 공모 덕분에 형체를

갖게 된다. 우선 육화된 말씀의 사람들, 즉 자신들의 종교의 남
용에 반대하는 군주들을 죄다 자기 편한 대로 독재자 또는 폭
군이라고 부르는 설교자들, 다시 말하면 평범한 사람들의 모병
에 적당한 변론과 예언을 성경에서 찾아내는 이 "간질병 환자
들" 탓이다. 다음으로는 독재자의 형상에 생명과 일관성을 부
여하는 글들 탓이다. 즉, 스토리와 독재자로 가득한, 독재와 그
불행들에 관한 이론으로 가득한, 독재자 시해를 찬양하는 스토
리와 시로 가득한, 고대인들과 이들을 흉내 내는 이들의 텍스
트들 탓이다. 이렇게 해서 정치체의 두 번째로 큰 병이 유지된
다. 요컨대, 종교적인 간질병에 고대인들을 따라 하는 문학적
인 광견병이 추가되어 말들과 문구들로 주권의 형체를 황폐화
하는 것이다.[8]

홉스는 이런 식으로 빈민들의 "르네상스" 또는 "서류더미"를
이론적이고 극적인 근원적 위상에서 개념화한다. 저 르네상스
또는 서류더미는 기생하는 목소리들과 글쓰기들로 이루어진
다. 이것들은 군주의 집무실로 몰려와, 형체 없는 말들로 이루
어진 환영(죽여야 할 존재라는 환영)을 군주의 형체(인민의 진정한
형체)에 덧씌우고, 흩어져 있는 다수의 '아무나'에게 정치체의
속성을 부여한다.

동일한 미망이 왕의 형체에는 공허한 이름(독재자)을, 다중에
게는 군주의 형체에나 어울릴 이름, 즉 인민이라는 이름을 준

---

8. Hobbes, *Léviathan*, Sirey, 1971, p. 348-52[『리바이어던 I』, 나남, 2008, 421-4
쪽], et *Le Citoyen*, Garnier-Flammarion, 1982, p. 214-27.

다. 이렇게 해서 괴상한 정치적 허구의 장면이 형성된다. 성경의 예언들 또는 고대인들처럼 늘어놓는 장광설들로 누빈 인민의 담론, 심지어 이 둘의 혼합이거나 이 둘의 모방이나 과소모방으로 누빈 그런 인민의 담론의 정당한 발신자 또는 수신자로 아무나 내세우는 장면. 홉스가 그 탄생을 목도했던 근대의 혁명은 다음과 같이 정의될 수도 있을 것이다. 성서의 아이들, 즉 "글쓰기와, 자신에 대해 이야기하기와, 타인에게 말하기에 열광했던" 빈민들의 혁명이라고. 자신들이 다룰 수 있는 두 가지 유형의 글쓰기, 즉 예언적인 간질병과 모방적인 광견병이라는 두 가지 성격의 글쓰기를 겸비하고 자리 바깥에서, 진리 바깥에서 말하는 이들의 증식이라고. 또 다른 정당성, 즉 고대의 이야기와 성경의 글쓰기 안에서 출현하는 인민의 환상적인 정당성을 현실화할 말하기와 이를 행하는 이들이 다수가 되는 가운데 왕의 정당성과, 정치적 정당성의 원칙을 깨뜨려 조각내는 쓸모없는 서류더미의 혁명이라고. 펠리페 2세와 홉스의 시대에, 시역자들과 '신의 병사들'과 고대에 열광하는 자들의 서류더미야말로 그런 혁명이다. 이 서류더미에 의해 "정당한" 말의 처소들이 늘어나며, 이름들을 바꿀 수 있게 하고 독재 또는 자유를 이런저런 장소에서 이런저런 속성을 띠게 만드는 형상들과 논지들을 구성할 수 있게 하는 그런 레퍼토리들이 늘어난다. 이 서류더미의 효과는 도끼를 들고 왕을 시해하는 길을 준비하려는 정신들이 처한 곤경에 불과한 것이 아니다. 오히려 심층적으로, 그것은 왕의 최초의 죽음, 즉 왕에게 환상적인 형체를 부여하여 결국엔 진정한 형체의 속성들을 탈취해 버리는 그런 종이 위의 죽음이다.

이 철학적-정치적 장면과 역사가의 과학적 장면에서 한결같이 죽은 왕이 문제라는 시시한 구실을 내세워서 이 두 장면을 연결해야만 하는가? 확실히, 브로델은 이런 따위의 일에는 관심이 없었다. 하지만 그가 관심을 기울였던 일을 알아내는 것이 중요한 건 아니다. 중요한 문제는 민주주의 시대에 학문적인 역사 이야기를 서술하는 조건들이며, 과학적이고 서사적이고 정치적인 삼중의 계약을 접합하는 조건들이다. 이런 견지에서 보면, 이 두 장면의 연관에서 표현되는 것은 이 둘의 대강의 유사성이 아니라 잘 규정된 어떤 이론적 매듭이다. 영국 혁명과 홉스의 정치 철학으로 개막된 정치적이며 이론적인 공간 안에서, 왕의 죽음은 이중적 사건이고, 정치와 과학을 공통의 위험으로 묶는 사건이다. 홉스와 그가 연 전통에서, 차용된 이름들의 증식은, 그 어떤 현실과도 전혀 닮지 않은 이름들의 증식은, 그 이름들을 다루어서는 안 될 이들과 그 이름들을 맥락에서 분리시켜 무관한 상황에 적용하는 이들에 의해 잘못 사용되기 때문에 그 어떤 현실도 고사시키는 이름들의 증식은 이론적이며 정치적인 악과 동일시된다. 위험은 이 모든 부유하는 이름들에서, 다시 말해 그 어떤 실재하는 고유성도 명명하지 못하며 그렇기 때문에 아무 곳에나 병합될 수단들을 찾는 다수의 동음이의어들과 형상들에서 비롯된다. 정치의 무질서는 지식의 무질서와 동일시된다. 근대 혁명에 의해 작동되는 악은 형

이상학이 작동시키는 악과 닮았다. 그 어떤 규정된 관념과도
결부되지 않는 말들이라는 악이 바로 그것이다. 홉스는 이런
식으로 과학의 관점과 왕의 자리의 관점 사이의 동맹을 확립한
다. 나는 이러한 이론적 전통을 군주적-경험주의로 부르자고
제안한다. 이러한 전통에 따라 버크를 태두로 프랑스 혁명과
"형이상학적" 인권에 대한 비판이 자라날 것이다. 또한 정치적
논쟁에서 과학적 비판으로 옮겨가면서 사회과학의 전통 일체
를 키우게 될 것도 바로 이러한 전통이다. 집요하게 말들을 소
환하여, 말해지는 것의 일관성 또는 비일관성을 자백하게 만들
고, 그리하여 특히 왕들을 심리할 때의 말들이나 민주주의 시
대의 혁명들과 위대한 운동들이 이루어질 때의 말들에는 고유
성 없음과 동음이의적인 미망이 나타난다는 점을 고발하는 것
이 바로 사회과학의 전통이다. 찰스 1세의 죽음이라는 사건 이
후, 이러한 전통 탓에 정치적이고 이론적인 이중의 회의가 근
대의 정치와 그 딸인 역사를 짓누른다. 범죄라는 비난이 민주
적 합의 안에서 삭제되는 것으로 보일 때조차, 비-진리에 대한
근원적 회의는 계속되며, 심지어 시원적 장면의 환영들을 깨우
는 데 적당한 것임이 확인된다.

『지중해 세계』를 열고 닫는 저 기이한 대칭들, 즉 빈민들의
서류더미에 대한 담론과 왕의 죽음에 대한 이야기 사이의 기이
한 대칭들은 이러한 이론적이고 정치적인 공간의 제약 안에 기
입된다. 이러한 제약은 저 코페르니쿠스 혁명, 즉 왕을 중심으
로 회전하던 것을 대중을 중심으로 회전하도록 했던 혁명의 좋

은 이미지를 없애버린다. 또한 왕이나 대사들과 작별하는 것
과, 대중의 생활에 관한 엄밀하게 가공할 수 있는 견고한 자료
들과 결부된 과학적 역사를 고무하는 것, 이 양자를 단순하게
일치시키는 것을 금지한다. 사건들의 역사에서 구조들의 역사
로 나아가려면 대중을 그들의 비-진리에서 빼내야 한다. 왕의
연대기에서 학문적인 역사로 나아가는 것, 이것은 왕의 책상에
서 이중의 서류더미와 만나는 것이다. 한편에는 왕의 종복들의
유용한 서류더미인 대사들의 문서가 있다. 다른 한편에는 진리
바깥에서 말하기를 행하며 잃어버린 역사의 시간으로 몰려오
는 "빈민들"의 서류더미가 있다. 홉스와 개명 군주주의자들은
거기서 죽음의 무기를 보았다. 브로델은 근대 사회과학의 명석
한 창설자들과 더불어 거기서 삶의 "맹목"을 찾아낸다. 이 두
가지 판단 사이에는 아무런 모순도 없다. 뒤르켐이 굵은 획을
그었던 저 근대 사회과학의 창설적 공리들 중 하나야말로 삶을
병들게 하는 것은 — 더구나 병에 대한 맹목에 빠져 병들게 하
는 것은 — 바로 삶의 과도함이라고 간주한다. 삶의 과도함이
야말로 죽음을 유발하는 것이다. 사회 안에서 통합되는 말하는
존재들에게 있어서 삶의 과도함이란 무엇보다도 말하기의 과
도함이다. 저 말들과 문구들의 과도함으로 인해, 대중의 시대
를 사는 인간들은 사회체를 과학의 대상으로 삼았어도 정작 사
회체를 유지하는 거대한 균형들과 규칙성들에 대해서는 맹목
적으로 된다. 말들의 과도함은 왕을 살해하는 것과 동시에, 민
주주의 시대의 인간들에게서 그들의 사회를 살아 있게 하는 법

칙들에 대한 인식을 앗아간다.

어떻게 이러한 이중의 위협이 지식의 정치를 통해 사회학적 기획을 규정했는지를 우리는 이미 알고 있다. 이것이 어떻게 역사가의 지식의 시학에 제약을 가하는지도 우리는 역시 알고 있다. 새로운 역사가 왕의 죽음을 단순하게 새로운 대상으로만 받아들일 수는 없다. 모든 정당한 사회과학처럼, 새로운 역사도 말하는 존재들의 이 과도한 삶을 규제해야만 한다. 왕의 정당성을 살해하고 지식의 정당성을 위협하는 그 과도한 삶 말이다. 게다가 이러한 요청은 다른 그 어떤 것에 견주어 봐도 새로운 역사에게 더 결정적이다. 그 이름에서부터 말하는 존재들의 병과 공모하고 있으며, 그 새로운 대상과 목표로 인해 왕의 죽음이나 정당한 말하기의 위험에 내밀하게 연결되어 있는 이 새로운 역사는 저 시원적인 장면을 다시 쓰고, 왕들에게 글쓰기에서의 또 다른 죽음과 정당한 과학적 계승을 제시해야 할 거역 못할 의무를 갖는다. 펠리페 2세의 죽음에 대한 이야기 안에서 이 역사가의 글쓰기에 특유의 빛깔을 입히는 요소들 — 고유한 것과 비유적인 것의 구별 불가능성, 현재 시제의 우세, 담론의 힘과 이야기의 힘의 교환 — 은 이제 규정된 의미를 갖게 된다. 이것들은 "스타일의 기교"와는 거리가 먼 것으로, 왕의 죽음을 이론적·정치적 파국으로 보는 군주적-경험주의적 분석이 던지는 도전에 대응하는 것이다. 이것들은 대중의 시대에 고유한 지식들에 찍힌 비-진리라는 기원적인 얼룩을 지운다. 이것들이 구성하는 알레고리, 학문적 이야기와 동질적인 알레

고리는 저 서류더미 속에서의 왕의 죽음에 또 다른 패러다임의
왕의 죽음을, 대중의 시대의 역사를 위해 진리의 자리를 정의
하기에 적절한 왕의 죽음을 대립시킨다. 역사가의 지식의 시학
은 지식의 정치에 대한 질문, 다음과 같은 순진하거나 거친 질
문에 대한 답변이다. 어떻게 왕들에게 좋은 죽음, 과학적인 죽
음을 줄 것인가?

말들의 과도함

죽은 왕 또는 침묵하는 왕의 장면이 드러내는 것은 역사가의 담론의 위상에서 마찬가지로 결정적인 또 다른 장면이다. 말하기를 지나치게 행하며, 말하기를 부당하게, 즉 자리와 진리 바깥에서 행하는 어떤 산 사람의 장면이 바로 그것이다. 역사가가 행하는 말하기의 진지함은 이렇게 눈멀게 하면서 눈이 머는 말하기에 의해 도전 받는다. 자신이 말하는 바의 준거를 보장할 만한 자질을 갖추지 못한 주체가 행하는 말하기의 사건/비-사건을 어떻게 다루느냐에 따라 역사가의 말하기는 연대기 또는 역사일 것이며, 문학적 또는 학문적일 것이다.

앞의 장면에서와 마찬가지로, 이 장면에서도 역사가의 선택은 분명히 한정되어 있다. 우선 과학적으로 의미 없는 서류더미에 대해서는 말하지 않을 수 있다. 또는 왜 그 서류더미를 고찰할 필요가 없는지에 대해 설명하기 위해서 그것에 관해 말할 수 있다. 마지막으로 그 서류더미에서 거론되는 것에 대한 이야기를 다시 지을 수 있다.

선택지는 분명하지만, 정작 역사가의 대응은 좀 더 복잡하다. 자리 바깥의 말하기를 다루는 두 가지 방식을 비교하면서 이 복잡함을 검토해 보겠다. 하나는 연대기와 문학의 전통에서 차용해 온 방식이고, 다른 하나는 근대의 학문적 역사학에서 차용해 온 방식이다. 요컨대 그 시대와 목표와 글쓰기가 서로 무한히 먼 거리에 있지만, 모두 과도한 말하기의 기만적인 사건을 다루는 두 권 — 타키투스의 『연대기』와 알프레드 코반 Alfred Cobban의 『프랑스 혁명의 사회적 해석』 — 의 저작을 놓고 역사가의 말하기 형식들을 비교하는 것.

『연대기』 1권의 16장에서, 타키투스는 우리에게 어떤 전복적인 사건에 관해 이야기한다. 아우구스투스의 서거 직후에 페르켄니우스Percennius라는 이름의 무명의 선동가가 일으킨 판노니아 군단의 반란이 그것이다. 우리가 이 대목에 주목하게 된다면, 그것은 이 대목이 이미 에리히 아우얼바하Erich Auerbach의 탁월한 논평의 대상이었기 때문이다. 『미메시스』의 2장에서, 그는 타키투스가 인민의 말하기와 운동을 재현하는 것에 관해 논평하면서, 이를 마가복음에서 베드로의 부인 이야기에 나타나는 재현과 대립시킨다.

타키투스의 이야기에서 아우얼바하가 주목한 특이함은 다음과 같다. 타키투스는 세밀한 구체성과 설득력을 갖춰 군단 병사 페르켄니우스의 주장을 상세하게 재구성한다. 하지만 그는 페르켄니우스의 말하기에 설득력이 있음을 인정하기에 앞서 그것이 무효임을 선언했다. 그는 그 말하기의 비-자리를 엄밀하게 제시했고, 이 비-자리의 자리를 엄격하게 한정한다. 어떤 휴무vacance, 즉 군사 훈련이 유예된 시간이 그 자리이다. 아우구스트스는 막 죽었다. 티베리우스는 아직 즉위하지 않았다. 주둔지에서 장군의 결정에 따른 객관적 공백. 애도의 표시인지 환희의 표시인지 모르겠지만, 여하튼 장군은 통상적인 훈련을 중단했다. 이 객관적인 공백에서 현실적인 원인도 없고 깊이 있는 근거도 없는 무엇, 즉 순수하게 공백의 소산인 무엇이 나온다. 용병들은 이제 할 일이 없고, 이로부터 나쁜 한가로움의 잘 알려진 결과에 따라, "방종, 반목, 나쁜 충고에 귀 기울이기, 쾌락과 휴식의 과도한 탐닉, 규율과 노동에 대한 혐오"[1]가 생긴다. 이 강요된 여유를 장악하게 되는 자는 여흥 전문가인 어떤 배우, "페르켄니우스라는 자, 한때 박수부대의 우두머리였다가 사병이 된 자로서 광대 무리 중에서는 음모를 꾸밀 만큼 아는 것도 많고 대담하게 말을 잘 하는 자"이다.

타키투스는 반란의 이유들을 제시하기 전에 이렇듯 그 이유들을 따질 필요가 없었음을 암시한다. 단지 군사 훈련의 휴무 때문에 비-자리가 자리로 된 것일 따름이며, 말해서는 안 되는 자의 말하기가 이루어진 것이다. 오직 이 휴무 덕분에 그자는 군사 규율의 침묵 대신에 정확히 이와 반대되는 것, 바로 도시

---

1. Tacite, *Annales, I*, XVI, trad. L. Wuilleumier, Les Belles Lettres, p. 20[『타키투스의 연대기』, 범우사, 2005, 64-5쪽]. Erich Auerbach의 논평은 *Mimesis*, Gallimard, 1968, p. 45 이하[『미메시스 고대·중세편』, 민음사, 1987, 47쪽 이하].

의 '관람객들의 지배théâtrocratie' 라는 소란을 일으킬 수 있었다.

페르켄니우스는 말해서는 안 되는 자였다. 그렇지만 타키투스는 그가 말하기를 행하도록 만든다. 그 말하기는 정연하고, 정밀하며, 설득력 있다. 그는 군 생활의 고단함에 대해, 사역과 학대를 면하려고 '백인대장'에게 주는 뇌물은 제쳐두더라도, 순전히 무기와 군복과 텐트를 장만하는 데 필요한 돈이자 심신心身의 가격으로 일당 10아시스를 받는 자들의 빈곤에 대해 묘사한다. 그는 제대 군인들에게 후하게 돌아가는 땅이 늪지의 진흙이거나 산악 지대의 황무지라는 점을 들어 제대 연금의 기만성을 상기시킨다. 불만 사항들에 대한 그의 진술은 임금과 노동 시간에 대한 면밀한 주장들로 마무리된다. "일당 1데나리우스, 16년 복무 후 제대, 이 시기가 지나고 자발적으로 복무하는 자에겐 주둔지에서 확실한 현금으로 보상."

타키투스의 이야기 전개는 어떤 근원적인 이접에 따라 이루어지는 것 같다. 반란은 그 이유의 부재라는 면에서, 그리고 반란 와중에 내세워진 이유들이라는 면에서, 이렇게 이중으로 설명되고 있는 것이다. 헌데 오직 전자만이 설명의 유효성을 갖는다. 페르켄니우스의 이유들을 허위라고 단언하지는 말자. 다만 역사가인 타키투스는 이 이유들에 대해 논평도 하지 않고 반박도 하지 않는다. 맞고 그르고를 아예 언급하지 않는다. 보다 근본적으로, 저 이유들은 진리와 무관하다. 그것들의 부당함은 내용 탓이 아니고, 단지 페르켄니우스가 말하기를 행할 수 있는 정당한 지위를 가진 자가 아니라는 점에서 기인한다.

그처럼 비루한 신분의 인간이 할 일은 사유하는 것이라든가 그 사유를 표현하는 것이 아니다. 그런 자의 말하기는 보통 풍자나 희극이라는 "하급" 장르들 안에서만 재현된다. 본질적인 갈등이 그의 입으로 표현되는 일은 있을 수 없으며, 그를 한 사회의 심층에서 작동하는 역사적인 흐름의 징후적인 대표자로 보는 근대적인 방식 역시 아예 배제된다. 서민의 말하기는 정의상 심층을 갖지 못 한다. 페르켄니우스가 내건 이유들을 설명하거나 반박하지 않아도 된다. 다만 그 이유들이 갖고 있는 나름의 일관성 안에서, 또 그 이유들을 진술하는 주체와 어울리도록, 그 이유들을 이야기로 옮기면 된다.

하지만 페르켄니우스가 발언한 이유들을 옮기는 것, 이것은 그 이유들을 되풀이하는 것이 아니다. 페르켄니우스가 발언을 잘 할 수 있었는지 도대체 누가 알겠는가? 물론 타키투스는 그것에 관한 정보가 전혀 없다. 그런데 이것은 중요하지 않다. 이 언술을 다시 행하는 것은 고증의 사안이 아니라 창안invention의 사안이다. 이러한 유형의 인물이 그와 같은 상황에서 발언할 수 있었던 것을 아는 것이 중요하다. 이를 위해 우리는, 숱하게 모방된 테르시테스라는 인물을 호메로스가 창안했던 이래로, 알맞은 모델들을 갖고 있다. 게다가 불만과 주장의 논지가 너무 완벽하고 그 표현이 너무나 인상적이어서, 과연 페르켄니우스 같은 이에게 그런 논지나 표현과 유사한 것을 만들어 낼 수 있는 능력이 있었겠나 싶을 정도이다. 말하기를 행하고 있는 자는 페르켄니우스가 아니다. 타키투스가 자신의 언어를 페르

켄니우스에게 빌려주고 있는 것이다. 마치 다른 곳에서 갈가쿠
스나 아그리콜라에게 그랬던 것처럼. 여기에 있는 것들은 어울
림과 있음직함의 규칙에 따라 모델들을 모방하면서, 그리고 다
른 모방자들에게 학습 모델 구실을 하도록, 만들어진 수사학적
조각들이다. 여기서 유일한 특이성은 모방되고 있는 인물의 지
위와 관련된다. 그런데 모방의 수사학적 전통은 이야기의 생생
함과 도덕적 예증을 위해 다양한 수준의 위엄을 지닌 인물들로
하여금 말하도록 하여, 이들이 자신들의 올바른 자리로 되돌려
지기에 앞서 문학적 위엄으로 고양되기를 바란다.

아우얼바하가 보기에, 타키투스의 이야기에 있는 이러한 이
접은 이중의 박탈에 상응한다. 타키투스는 페르켄니우스에게
서 반란에 나선 이유와 목소리를 박탈하며, 공통의 역사에 소
속되는 것과 말하기를 박탈한다. 아우얼바하는 이러한 수사학
적 무효화에 대립되는 것으로 마가복음에 나오는 베드로의 부
인 장면의 리얼리즘을 제시한다. 보통 사람이 등장하고, 인물
중에 하녀가 있고, 베드로의 갈릴레 억양이 언급되는데, 이런
것들이 극적으로 제시하는 것은 위대함과 허약함의 혼합이며,
이런 혼합이 그리스도의 강생의 신비에 사로잡힌 이를 특징짓
는다. 타키투스에게는 금지된, 장르들의 혼합 덕분에 복음서의
저자는 고대의 문학이 형상화할 수 없었던 것, 문학의 바깥으
로 떨어지며 또한 문학이 전제하는 스타일들과 조건들의 분할
바깥으로 떨어지는 어떤 것, 즉 인민의 심층부에서 벌어지는
정신적 운동의 탄생을 재현할 수 있게 된다. 이렇게 아우얼바

하는 나름의 방식으로 타자의 재현 문제를 중심에 놓고 지식의
정치와 이야기의 시학 사이의 연관을 제시한다. 타키투스는 천
민의 말을 진지하게 취급할 수 없었기 때문에, 그리고 고급 장
르와 저급 장르를 분할하는 범주들 안에서 생각하기 때문에,
복음서의 이야기가 열어주는 어떤 문학적 리얼리즘의 가능 조
건들이 그에게는 결핍되어 있다. 아우얼바하의 논증은 시학 범
주들의 바로 이 측면, 즉 재현되는 인물들의 위엄에 따른 장르
들의 분리와 관련되는 이 측면과 결부된다. 그는 플라톤이 이
야기투*lexis*라고 부르던 것과 관련된 측면은 뒤로 돌려놓는다.
이것은 시의 언표작용의 양상, 또는 시의 주체와 이 주체가 재
현하는 것 사이의 관계의 양상이라는 측면이다. 이 양상은 작
가가 화자로 나서 이야기를 풀어가는 디에게시스*diegesis*의 객관
화에서, 시인이 인물들 뒤로 숨는 미메시스*mimesis*의 거짓말에
이르기까지 다양하다. 그런데 고대 시학의 이 범주들이 중요한
이유는, 이것들이 담론과 이야기라는 근대 언어학 범주들과 교
차하면서 이 이야기와 역사 이야기 일반에 관한 또 다른 유형
의 질문에 권위를 부여하기 때문이다. 담론과 이야기의 어떤
관계들이 역사 일반과 이런저런 형식의 역사를 가능케 하는
가? 어떻게 이 관계들의 체계는 저 과도하고 부당한 말하기의
기입과 조화를 이루는가? 이야기의 작가와, 작가를 통해 말하
게 되는 이들을 연결해 주는 인칭 체계는 저 기입과 어떻게 조
화를 이루는가? 글쓰기의 법들modes과 시제들은, 그리고 담론
에 속하거나 이야기에 속하는 또는 담론과 이야기의 이런저런

접속 형식에 속하거나 이접 형식에 속하는 일련의 효과들(주장과 객관화, 거리와 의심)은 어떻게 저 기입과 조화를 이루는가?

이러한 관점에서 보면, 타키투스의 담론에서 우리에게 흥미로운 것은 아우얼바하가 강조한 배제 효과가 아니라 오히려 그 포함의 힘이다. 타키투스 자신이 자리를 갖지 않는다고 주장했던 것에게 스스로 자리를 부여하는 대목에서 확인되는 힘 말이다. 타키투스가 보기에 페르켄니우스는 말하는 것이 인정되는 부류의 사람이 아니며, 동료들에게 말하기의 상대가 되는 부류의 사람도 아니다. 그렇지만 타키투스는 그를 다른 이들과 같은 양식으로 말하게 한다. 그는 "간접화법" 안에서 페르켄니우스에게 말하기를 부여한다. 이 간접화법이라는 종별적인 양상에 따라 타키투스는 이야기와 담론의 균형을 실현하며, 중립성의 힘과 회의의 힘을 함께 취한다. 페르켄니우스는 동사의 영도degré zéro인 부정법으로, 말하기 없이 말한다. 이 부정법은 정보의 가치를 정하지 않으면서, 현재와 과거 또는 객관적인 것과 주관적인 것의 등급 위에 그 정보를 배치하지도 않으면서, 정보의 가치를 표현한다. 간접화법은 의미와 진리를 실천적으로 분리시켜, 말하기가 정당한 이들과 부당한 이들의 대립을 실제로 폐지한다. 말하는 것이 부당한 이들은 유효성이 인정되지만 또한 회의의 대상이기도 하다. 이렇게 구성되는 담론-이야기의 동질성은 이 담론-이야기에 의해 무대화되는 주체들의 이질성과도, 말하기를 행하는 자들이 자신들의 지위로 말하기의 준거를 보장하는 것의 불균등성과도 모순될 것이다. 페르켄

니우스는 근원적인 타자였고 정당한 말하기에서 배제된 자였
지만, 그래도 그의 언술은, 의미와 진리의 연관들의 특정한 유
예 속에서, 로마의 사령관인 아그리콜라나 칼레도니아 사령관
인 갈가쿠스와 동등한 자격으로 포함된다. 말하기를 행하는 자
들의 이러한 동등성에는 타키투스가 서술한 역사의 짜임새
texture를 규정하는 또 다른 동등성이 반영되어 있다. 역사의 발
언*le dire*과 역사가 이야기하는 것의 발언 사이의 동질성이 반영
되어 있는 것이다. 역사를 서술한다는 것은 여러 담론 상황들
에 등가성을 부여하는 것이다. 예컨대, 페리클레스나 아그리콜
라의 활동에 대해 이야기하는 것은 그들이 직접 행하는 연설과
동등한 지위를 갖는 담론 행위인 것이다. 그들이 그렇게 했으
리라 가정되는 담론을 다시 행함으로써, 역사가는 그들의 담론
을 일련의 담론적 기능들의 소재로 삼는다. 요컨대 식자층에게
는 도락을, 군주들과 국가 수장들에게는 정치의 교훈을, 학교
의 학생들에게는 수사학과 도덕의 교훈을 제공하는 것이다. 페
리클레스가 아테네인들에게 말하는 것과, 수사학 선생이 자신
의 학교 학생에게 가르치는 것과, 역사가가 자기 선생의 모델
들에 따라 페리클레스의 말들을 반복하면서 서술하는 것, 이
모든 것들은 동일한 지위를 가지며, 동질적인 담론 세계 한가
운데에 놓인다. 이러한 동질성이, 투키디데스가 그렇게 하듯,
또 타키투스가 갈가쿠스에게 그렇게 하도록 만들 듯, 필요한
경우에 말들의 거짓을 비난하는 것을 가로막지는 않는다. 하지
만 타자의 말하기에 대한 회의는 의미와 진리의 이접의 수사학

적 형식과, 준거의 유예에 근거하여 규제된다. 이 회의는 그 어떤 이중적 토대도, 담론을 담론의 진리와 대립시키는 그 어떤 메타언어도 조성하지 않는다. 도시국가들의 연설가들을 비난하는 투키디데스의 담론은 이 연설가들의 상호 비난의 담론과 동일한 성격을 갖는다. 페르켄니우스의 자격을 미리 부인함으로써, 모든 타자가 동등하게 지니는 힘이, 그의 주장에서도 발휘된다. 로마인들이 평화라는 위선적인 이름으로 부르는 그것을 사막이라고 명명하는 갈가쿠스의 과장이 이해되는 것은 이 방인인 그를 포함하는 언어작용 안에서인데, 이는 마치 동일한 언어작용에 의해 페르켄니우스라는 인물 안에 그 어떤 언어도 부리지 못하는 자가 포함되는 것과 같다. 페르켄니우스에게는 권리가 없었던 그 언어에 그로 하여금 말하기를 하도록 하는 권리가 부여되면서, 이제 그는 이 언어의 공동체 안에 포함된다. 그에게 닥친 자격 박탈은 언어에 대한 신뢰 자체에 의해, 말하는 존재의 무차별적인 힘들 안에서 구제된다. 갈가쿠스는 라틴어를 할 줄 모르고, 페르켄니우스는 명망을 떨칠 그 어떤 것도 말하지 않았다. 그렇다고 해도 언어 및 언어에 의해 권위가 부여된 작용들을 결집시키는 힘, 즉 어떤 담론의 원환cercle에서 배제된 자들을 그 담론의 공동체로 들여보낼 수 있는 담론의 힘은 발휘된다.

타자의 말하기의 전유는 전도될 수 있다. 페르켄니우스의 목소리를 무효화하면서, 그의 말하기를 자신의 말하기로 대체하면서, 타키투스가 단지 그에게 역사적인 정체성을 부여하는 것만은 아니다. 타키투스는 또한 미래의 연설가들과 사병들을 위해 전복적인 웅변술의 모델을 창출하는 것이다. 이들은 목소리를 상실한 페르켄니우스를 반복하는 것이 아니라 저 모든 페르켄니우스들의 근거를 자신들보다도 더 잘 말하는 타키투스를 반복한다. 타키투스의 라틴어가 사어임에도 새로운 생명을 얻게 될 때, 그것이 타자의 언어, 즉 그 언어의 전유가 새로운 정체성을 마련해 주는 그런 언어가 될 때, 성직자단과 신학교의 매우 출중한 학생들은 그 라틴어에서 자신들의 언어와 직접화법으로 새로운 연설을 가공해 내며, 이 연설은 복음서의 이야기와 선지자들의 저주와 경합하는 가운데 독학자들의 모델이 된다. 말하기의 자리를 갖지 못한 모든 이들은 이 말들과 문구들, 이 논변들과 격언들을 낚아채서 글쓰기의 새로운 형체를 전복적으로 구성한다. 시역의 광견병과 인권의 **형이상학**이 거기서 자라나 홉스와 버크의 절망이 되며, 성경의 아이들의 혁명인 근대 혁명의 장면을 창출한다.

이 절망은, 이미 말한 바와 같이, 불모의 상태로 지속되지는 않았다. 그것은 근대적인 사회과학의 전통을 창출해 냈다. 이러한 창출은 혁명적 사건이라는 불행과의 본질적 연관 속에서 이루어졌다. 정치적 불행을 맥락 바깥에서 구사되는 말들의 불행*infelicity*과 동일시하는 그런 연관 속에서 말이다. 혁명이(특히 무엇보다도 프랑스 혁명이) 사회과학에 있어서(특히 사회학과 역사에 있어서) 양면적으로 창설적인 사건의 역할을 했다면, 이는 그 혁명의 폭력이 사건 일반의 이론적 추문과 동일시된다는 점에서 그러하다. 사건의 추문이란 담론들의 격돌의 추문이며, 시간들의 혼합의 추문이다. 말하는 존재에게 있어서, 모든 사건은 발언의 전위가 일어나는 특정한 형식 아래 과도하게 말하기를 행하는 것과 연결된다. 요컨대 타자가 행하는 말하기(주권의 정식들, 고대의 문헌, 성스러운 말씀)를 "진리 바깥에서" 전유하는 것과 연결된다. 이러한 전유에 의해 타자의 말들은 다른 의미를 띠게 된다. 고대의 목소리는 현대의 반향을 얻게 되며, 선지자의 어휘 또는 순문학의 어휘는 비속한 삶 속에서 반향을 얻게 된다. 사건의 새로움이 역설적인 까닭은 다시 발언되는 것과 맥락 바깥에서 가닥을 벗어나 발언되는 것이 사건과 연결되기 때문이다. 여기서 시간들은 어울리지 않게 중첩되며, 표현들은 고유함을 갖지 않는다. 사건의 새로움은 시대착오의 새로움이다. 혁명이야말로 대표적인 사건이며, 사회과학이 말들의 비-고유성과 사건들의 시대착오를 고발하면서 형성되는 대표적인 장소이다. 프랑스 혁명에 대한 해석이 시대착오의 문제를 핵심적인 문제로 삼아 그 극단까지 밀어붙이는 것은 정세적인 논쟁의 발로가 아니라 이론적인 심층의 필연성에서 기인하는 것이다. 이제 사건의 비-자리에 대한 주장은 수정주의라는 이름을 얻는다.

사회과학의 기원에 있는 유령은 시대착오로서의 혁명이다. 고대의 의상을 입고 고대의 언술로 이루어진 혁명 말이다. 혁명은 사건과 혼란을 모두 말하는 존재에게 고유한 시대착오, 즉 시간 그 자체의 내재적 차이différence temporelle à soi-même에서 기인하는 것으로 만든다. 혁명이 이렇게 정치와 사유에 던진 도전에 사회과학은 특정한 형식으로 응수했다. 요컨대, 시간에 대한 비-사건적인 사유를 정교화하면서, 즉 말하기와 사건의 시대착오에서 해방된 시간을 정교하게 사유하면서.

시간을 이렇게 다시 정교화하는 것이 혁명의 시대를 사로잡은 가운데, 두 가지가 사회과학의 개념화와 비판적 소명을 정립하는 데 규정적인 구실을 했다. 하나는 마르크스주의적인 방식이다. 이것은 미래와 과거의 관계를 본질적인 축으로 삼았다. 현재의 임무들을 집행하는 대신 과거의 시대착오적이고 수다스러운 반복이 일어나거나 퇴보하게 되는 것은 매번 미래의 힘들의 지체와 미성숙 탓이었다. 역사의 행위자가 드러내는 무지와 이에 대칭적인 역사 이론가가 지닌 지식은 미래의 이러한 우위와 연결되었다. 과거를 설명할 수 있는 유일한 것이지만, 행위의 현재 안에서는 언제나 결핍이며, 다시 한 번의 반복을 규정하는 아직 아님의 도달 불가능성 안에서 항상 다시 분할되는 것인 미래. 마르크스에게 역설적인 영예를 안겨주었던 계급 투쟁 분석은 아직 아님과 다시 한 번의 접속이 띨 수 있는 형상들의 연극적인 배분이다.[2]

다른 하나는 마르크스주의 모델이 난국에 처한 오늘 다시 힘을 얻고 있는 군주적-경험주의적 분석이다. 이것은 마르크스주의 모델과는 반대로 과거와 미래라는 범주들을 공히 실격시키

---

2. 졸저, *Le Philosophe et ses pauvres*, Fayard, 1983, p. 135-55 참조.

는 시간의 축 위에서 전개된다. 범주들이 대상과 정확히 동시 대적이기 때문에 양자가 적합해지는 그런 과학이야말로 이 군주적-경험주의적 해석들을 이끄는 유토피아이다. 현재야말로 이 분석의 시간이다. 그런데 현재의 고유함은, 실재의 고유함과 마찬가지로, 현재의 편이 되려는 자들을 부단히 회피한다는 데 있다. 따라서 현재는 항상 과거와 미래를 누르고 되찾아야 만 하는 것이며, 제때를 놓치고 반복되는 과거나 부당하게 예견되는 미래를 부단히 비판하면서 확립되어야 하는 것이다. 군주적-경험주의는 혁명적 사건의 시대착오에 대한 마르크스주의적-미래주의적 해석을 거듭 재해석하면서 이 사건과의 끝없는 결산을 해 간다.

　알프레드 코반의 책, 『프랑스 혁명의 사회적 해석』은 그러한 재해석을 예증하는 책으로, 프랑스 혁명에 대한 수정주의 역사학의 지침서가 되었다. 책의 제목이 이것을 분명하게 드러낸다. 역사가의 작업은 이제 더 이상 혁명에 대해 이야기하는 것이 아니다. 혁명을 해석하고, 사건과 담론을 이것들을 정립하고 설명하는 것에 연결시켜야 하는 것이 역사가의 작업이다. 물론 사건을 정립하는 그것은 언제나 비-사건이요, 말을 설명해 주는 그것은 말이 아닌 다른 것이다. 요컨대 역사가는 아우얼바하가 타키투스는 할 수 없었다고 힐난했던 그것을 자신의 임무로 받아들인다. 역사가는 말의 뒤에 있는 것을 보려 한다. 그는 유혹적인 담론을 비-담론적인 현실에 연결시킨다. 담론으로 표현되지만 그 안에서 왜곡되는 현실 말이다. 역사가의 담론은 역사의 말을 이것의 진리와 연결해 주는 척도 담론이다. 해석이란 명시적으로 이러한 것을 뜻한다. '사회적'이 뜻하는 바 역시 덜 자명하긴 하지만 이런 것이다. '사회적'이란 지식의 대상을 가리킴과 동시에 이 지식의 양태도 가리킨다. 애초에 프랑스 혁명에 대한 "사회적" 해석이란 사회적 관계들과 갈등들이라는 구도에 따라 혁명적 과정들을 분석하는 것이다. 그 해석은 과정들을 다음과 같은 지형 안에서 그것들의 의미작용과 효과에 따라 측정한다. 예컨대, 소유의 지위 변화, 사회계급들의 분할과 갈등, 계급들 사이에서 벌어지는 상승과 쇠퇴와 변동이라는 지형. 하지만 이 애초의 의미는 즉각 또 다른 의미와 겹쳐 이중화된다. 사회적인 것은 사건과 말의 **이면** 또는 심부가 되며, 사회적인 것은 사건과 말이 겉으로 드러내는 거짓으로부터 그 이면 또는 심부를 떼어내야만 한다는 것이 그 다른 의미이다. '사회적'은 말과 사건이, 이것들의 비-사건적이고 비-언어적인 진리에 대해 지니게 되는 간격을 지칭한다. 사회적 해석은 즉각 자리들의 특정한 지리학을 상정한다. 즉, 담론적 질서에 속하지 않으면서도 해석이라는 담론적 행위를 요청하는 사실들이 존재한다는 것이다. 하지만 사실과 해석 사이에는 제거해야 할 장애, 말하자면 일소해야 할 말의 두터운 암영이 있다. 혁명에 의해 프랑스 사회에 초래된 변모들은 혁명에 대한 숱한 말하기들에 의해 흐려진다. 우선 혁명 행위자들의 말하기가 있고, 성인전을 쓰는 역사가들의 말하기도 있다. 이 역사가들 중에는 공화주의적 전통에 속하는 이도 있고, 부르주아 혁명이라는 틀로 마르크스주의적 해석을 하는 이도 있으며, 마티에Mathiez나 소불Soboul 유의 역사학에서 이 다기한 전통들을 조합하는 이도 있다. 해석은 혁명의 말하기와 혁명에 관한 말하기의 과도함을 상대해야만 한다. **사회적 해석**은 애초의 사회적 해석을 상대해야 한다. 이미 말을 사물로 대체하려 했던 이 애초의 사회적 해석은 이러한 작업을 실행하는 와중에 말의 함정에 빠져들고 말았던 것이다.

말의 함정에 빠져든다는 것, 이것은 말과 말이 명명하는 것이 서로 동시대적이지 않기에 고유성을 갖지 못하는 그런 말을 구사한다는 것을 뜻한다. 코반이 보기에, 마르크스주의적 해석은 과거의 사건에 최근 시기의 말들과 통념들을 붙인다. 그런데 마르크스주의적 해석이 그렇게 할 수 있다면, 그것은 이 해석이 프랑스 혁명의 행위자들과 동시대인들과 연대기 작가들의 말을 틀림없는 것으로 믿어버리기 때문이다. 그렇지만 이 말들 자체가 시대착오적인 것들이었다. 그것들은 당대에 실제로 더 이상 존재하지 않았던 상황을 가리켰다. 요컨대, 마르크스주의적 해석은, 혁명 행위자들이 봉건제가 여전히 존재하며 자신들이 봉건제를 파괴했다고 믿었기 때문에, 프랑스 혁명을 부르주아적이라고 믿었던 것이다. 이 틀린 해석들이(미래주의적이고 과거주의적인 해석들이) 누적될 수 있다면, 그것은 이 해석들이 인간 언어 일반에 고유한, 즉 과학에 의해 질서가 부여되기 이전의 인간 언어에 고유한 저 동일한 과도함에 근거하고 있기 때문이다. 동일한 하나의 말이 여러 존재 또는 속성을 동시에 지칭할 수 있다는 사실, 동일한 하나의 말이 존재하지 않는 속성들을, 더구나 더 이상 존재하지 않거나 아직 존재하지 않는 속성들을 지칭할 수 있다는 사실이 바로 그러한 과도함이다. 사회적 해석이 부단히 대면해야만 하는 악은 동음이의라는 악이다.

사회적인 것의 개념처럼, 동음이의에 대한 비판은 이중적으로 등재된다. 그 비판은 단순히, 일차적으로는, 사회적 정체성을 가리키는 말들에 이 말들이 당대에 지녔던 의미를 부여하기를 요구한다. 혁명기의 계급 관계들을 오인하지 않으려면, 예컨대 이런 점을 알아야만 한다. 이 시대에 공장주manufacturier란 대기업가가 아니라 자기 손으로 공산품을 제조하던 자에 불과하다는 점. 이 시대에 농부laboureur란 농업 노동자가 아니라 대체로 넉넉한 편이었던 토지 보유 농민이라는 점. 소작농fermier은 본질적으로 땅을 경작하기 위해 지대를 내는 자이지만 또한 지위를 보전하려고 지대를 내는 자이기도 하다는 점. 여기서 도출되는 것은 손쉽게 할 수 있을 것 같은 교정 작업이다. 결국 말들을 정확한 의미로 돌려보내기 위해서는 좋은 역사 사전으로 충분할 것이다. 그럴 때 모든 사회적 관계들에 적합한 이름들이 부여될 것이고, 이 관계들의 진정으로 독특한 속성들만이 보존될 것이다. 하지만 이러한 용어 교정의 결과를 위협하는 것은 그 어떤 독특한 사회적 현실을 가리키지도 않으면서 지형을 점하는, 혼란스럽게 아무 데나 해당되는 허다한 말들의 존재이다. 가장 기만적인 이 말들은 분명히 가장 흔한 것들이다. 예컨대 귀족, 부르주아, 농민. 이 말들 안에서, 서로 동시대적

이지 않은 속성들이, 더 이상 존재하지 않는 사회적 관계들 및
아직 존재하지 않는 사회적 관계들이, 기형적인 접속을 통해
통합된다. 가장 기만적인 귀족이라는 말을 검토해 보자. 우리
가 1789년의 사회적 위상들의 단면을 잘라본다면, 우리는 사회
의 모든 층위에서 그리고 매우 다양한 위상들 안에서 귀족들을
찾을 수 있을 것이다. 이러한 현실은 불행하게도 궁전과 성의
이미지들에 의해, 심지어 귀족성의 봉건성으로의 동화와 영주
권의 봉건적 권리로의 동화에 의해 가려진다. 더 나아가, 관계
들의 세부로 들어가 보면, 이름이 지시하는 대상은 분해된다.
"영주권"이라 불리는 것은 다양한 기원을 갖는 권리들의 변칙
적인 집합인데, 이것은 영주들에 대한 평민들의 그 어떤 인격
적 종속도 규정하지 않으며, 그 어떤 고유한 봉건적 관계도 규
정하지 않는다. 많은 경우에 이것은 단순히 소유의 권리이며,
게다가 부르주아가 빈번하게 되샀던 권리이다. "봉건적이라는
말에서 의미를 아예 지워버리지 않는 한" 이 권리를 봉건적 권
리라는 이름 아래 묶어놓는 것은 불가능하다. 1789년 봄에 베
르사유에 모인 세 신분 각각에 대해서도 불행하지만 사정은 동
일하다. 그 어떤 신분의 이름도 사회적 의미를 부여하는 총괄
적인 속성들을 가리키지 않는다. 귀족, 성직자, 제3신분의 분류
는, 1789년 훨씬 전에, 상응하는 사회적 현실들과의 "최소한의
연관"을 갖는 것마저 끊겼다.[3]

---

3. Alfred Cobban, *Le Sens de la Révolution française*, Julliard, 1984, p. 42.

'사회적'이라는 말의 이중적 영역은 이렇게 해서 명확해진
다. 여기서 '사회적'은 관계들의 총합을 지칭하는 것이다. 하지
만 이 말은 또한 관계들을 적합하게 지칭하는 말들의 결여도
지칭한다. '사회적'은 원리로서의 비-관계non-rapport를 지칭한
다. 이것은 말과 사물의 간격 또는 더 정확히 말해 **명명**과 **분류**
의 간격을 지칭한다. 서로를 명명하고 명명되는 계급들은 그것
들이 과학적으로 이해될 때 마땅히 그러해야 하는 무엇이 결코
아니다. 한정된 수의 공통 속성들을 엄밀하게 귀속시킬 수 있
는 그런 개인들의 총합이 결코 아니라는 것이다. 시대착오적이
고 동음이의적인 혼란은 역사의 말들이 이름들이라는 것에서
기인한다. 하나의 이름은 동일성을 부여하되, 분류하지는 않는
다. 약간의 사기꾼들을 제외한다면, 이름으로 동일성을 보장하
는 존재들인 왕들이 역사를 만드는 한, 그 악은 사소하다. 계급
들이 왕들을 대신할 때, 그 악은 치유 불가능한 것이 될 위험이
있다. 왜냐하면 분명히 이 [이름으로서의] 계급은 [분류로서의] 계
급이 아니기 때문이다.[4] 이 구성적인 결함은 마르크스주의적
해석가들의 죄에 머물지 않는다. 그것은 사건 자체의 행위자들
의 죄이며, 이 죄로 말미암아 사건들이 일어나는 것이고, 단적
으로 말해 역사가 존재하는 것이다. 말하는 존재들이 이름들로
묶이고 나뉘기 때문에, 이들이 일단의 고유성들과 "최소한의
관계"도 갖지 않는 이름들로 자신들과 타인들을 호명하기 때문

---

4. Jean-Claude Milner, *Les Noms indistincts*, Le Seuil, 1983, 특히 11장 "Les
classes paradoxales" 참조.

에, 역사가 있는 것이다. 말하는 존재들에게 의미가 되는 것, 그리고 그들에게 사건을 만들 수 있게 하는 것, 그것은 바로 군주적-경험주의적 역사가에게는 "관계 없음"의 그것, 즉 이 역사가가 우리에게 구별하라고 요구하는 것의 얽힘이다. 요컨대, 사법적인 것과 비사법적인 것, 인격적인 것과 실재적인 것, 과거와 현재, 봉건적 특권과 부르주아적 소유 등등의 얽힘 말이다. 그리고 이런 얽힘이야말로 고유성들의 총합에 의해 정의되는 사회적 동일성들을 재현하는 존재들이 아니라 귀족 또는 평민으로서, 부르주아 또는 프롤레타리아트로서, 즉 말하는 존재들로서 행위를 하는 그런 존재들에게 의미 있는 것이 된다. 하나의 계급 또는 신분, 이것은 분명히 분리되는 비동시적인 특성들의 접속이다. 신분 또는 계급이라는 이런 말들 안에서 작동되는, 말하는 존재들의 위상이 사회적 서열과 맺는 관계는 그어떤 독특한 특성들의 총합에 의해서도 보장되지 않는다. 그어떤 시원적인 입법자도 말과 사물의 조화를 이룩하지 못했기 때문에 역사가 있는 것이다. 고유하지 않은 이름을 해소하려는 의지가 극한에 이르면, 사건 일반이 주체들에게 일어나도록 하는 고유하지 않음과 시대착오를 해소하려는 의지로 귀착된다. 역사의 말들이 역사의 현실들과 맺는 "비-관계"를 주장하는 것은, 극단적으로는, 역사가의 과학의 자살이다.

이러한 자살 충동은, 코반의 텍스트에서, 규정된 형상을 취한다. 그에 따르면, 프랑스 혁명의 동시대 사회학자가 할 법한 방식으로 사회적 사실들을 조사하기 위해서는 혁명의 용어법

(행위자들과 해석가들의 용어법)을 포기해야만 한다. 기본적으로 그의 테제는 과거와 현재의 관계에 오류의 얼룩이 묻어 있다는 것이다. 요컨대 비동시성이라는 얼룩이, 어떤 말을 그것이 지칭하는 바에 적합한 말이 되도록 하기 위해 고유성들의 목록을 고정시키는 것의 불가능성이라는 얼룩이 묻어 있다는 것이다. 역사가가 진실을 포착하려면, 그는 동시대의 사회학자가 제공하는 것들에 입각하여 작업해야 하는데, 이 사회학자는 역사가로 하여금 역사의 말들에 의해 지칭되는 동시에 은폐되는 정밀한 사회적 현실들을 파악할 수 있게 해준다.[5] 불행히도 우리에게 사건에 대한 과학이 없는데, 과연 사건의 동시대 사회학자는 누구인가? 사회과학자가 아니라, 사회과학 그 자체의 유토피아적 형상인가? 요컨대 이름의 지시대상과 그 이름을 일치시키는 시초 입법자라는 유토피아. 사회적인 것의 두 가지 의미작용을, 두 측면을 접속하고, 말하는 존재의 만성적인 시대착오로부터 우리를 해방하는 현재의 현존이라는 유토피아. 이 경우에 불행은 프랑스 혁명의 동시대 사회학자가 없다는 데 있다. 게다가 이 불행은 우연적인 것이 전혀 아니다. 프랑스 혁명이 존재했었기 때문에 사회학이 태어났던 것이니, 즉 말과 사건의 거짓에 대한 고발로 태어났고, 사회적인 것의 자체 적합성un social adéquat à lui-même이라는 유토피아로 태어났던 것이 사회학이니 말이다.

---

5. Alfred Cobban, *op. cit.*, p. 43.

시대착오적으로 동시대적인 사회학자에게 유토피아적으로 의존하는 군주적-경험주의적 비판이 도달한 결론 지점에서는 과학에 대한 믿음이 역사 지식을 추동한다. 차라리 역사 지식의 대상을 배격하는 결론 지점이라고 해야 할 것이다. 상징적 언어 또는 어떤 메타언어에의 의존을 박탈당한 비판적 역사는 과학에의 욕망을 말에 대한 영속적인 회의로 키워야만 한다. 틀린 이름을 맞는 이름으로 대체하기의 불가능성으로 인해, 비판적 역사는 그 어떤 이름이든 이름이 지칭하는 현실과 조응하지 않는다는 점을 제시함으로써 스스로를 표시할 수밖에 없다. 이 불가능성으로 인해 비판적 역사는 사건이 존재할 가능성을 부인하게 된다. 그럴 가능성은 부적절함Impropriété[고유하지 않음] 탓일 뿐이라고 말이다. 극단적으로, 학문적 역사는 역사의 비-자리로 서술된다. 이러한 극단에 부여된 이론적이면서 정치적인 이름이 수정주의이다. 역사에서 수정주의는 정치적인 당파성 또는 지적인 역설 취향의 상황적인 소산이 아니다. 사회과학이 과학에 속한다는 점이 논박되면 될수록 그만큼 더 강하게 과학에의 소속을 제시해야만 할 때 구사되는 회의의 정치의 종점이 수정주의이다. 역사는 특유의 불안정함으로 인해 이러한 회의의 극단에, 즉 역사의 대상의 실존하지 않음을 주장하는 극단에 노출된다. 수정주의의 일반적 정식의 핵심은 단순하다. 말해진 것 그대로의 일은 결코 일어났던 적이 없다는 것. 이 정식의 결론은 수정주의를 초래한 '없음'에 '그대로는 아님'을 접근시키는가, 아니면 분리시키는가에 따라 다르게 조정된다. 허무주의적 버전은 이 정식으로부터, 말해진 것은 결코 일어나지 않았다는 주장, 즉 아무 일도 일어났던 적이 없다는 것으로 귀착되는 주장을 도출한다. 정치적 도발에 유용한 이런 결론은 그렇지만 아무래도 언젠가 무슨 일이 일어난다는 최소한의 전제에 매달리기 마련인 역사에는 자멸적인 것이다. 그런데도 회의의 정치는 당연히 이런 급진성에까지 확장된다. 사실 회의의 정치를 통해 사건의 기만적인 말하기들이 향하는 저 **없음**이야말로 기만적인 말하기들 이상으로 그 어떤 고유성도 지칭하지 않는 말이라는 우를 범하는 것이다. 따라서 이 허무주의적 실천과 대립되는, 수정주의의 긍정주의적 실천은 그대로는 아님이 그 효과의 거의 없음 또는 그 원인의 비-자리를 향하도록 하는 데 만족한다.

거의 없음의 방향은 코반의 논증이 자연스럽게 향하는 방향이다. 이런 방향에서 주장되는 것은 프랑스 혁명이 일어났던 적이 없다거나 일어날 여지가 없었다는 것이 아니라 그 혁명의 일관된 사회적 효과가 아주 미미한 데 국한되었다는 것이다. 예컨대 토지소유의 분배에 있어서 약간의 변화, 부르주아지 내부 구성에서 약간의 변경, 전보다 훨씬 더 안정된 사회 같은 것들이 그 효과이다. 요컨대 프랑스 혁명을 말과 사물의 무한한 거리를 보여주는 설득력 있는 사례로 간주하는 것이 바로 그 방향이다.

비-자리의 방향은 『프랑스 혁명을 사유하기』에서 프랑수아 퓌레François Furet의 논증이 추구하는 방향이다. 그의 논증은 사건에 대한 질문 주변에서 주목할 만한 전도에 의해 진행된다.
애초에 그의 논증이 마르크스주의 역사학을 비난했던 부분은
이 역사학이 실은 사건의 사회적 원인들이라고 가정되는 것들
에 대한 언표 속으로 사건을 사라지게 한다는 데 있었다. 혁명
적 사건은, 그 원인들의 가정된 효과 속으로 해소시켜서는 안
되는 그 사건은 분명히 새로운 정치적 공간의 개시이며, 이 공
간은 말하기들의 과도함을 특징으로 한다. "프랑스 혁명을 사
건으로 특징짓는 것은 역사적 행위의 양태이며, 우리가 정치적
이거나 이데올로기적이라고, 또는 문화적이라고 부르는 동력
이다. 말하자면, 인간들을 동원하고 사태들에 개입하는 행위를
촉발시키면서 증대되는 혁명의 힘은 의미의 과잉집중에 의해
발휘된다는 것이다."[6] 프랑스 혁명의 의미에 대한 이러한 규정
은 애초에는 코반의 명목론과 사회학주의의 반대편에 놓인 것
이었다. 하지만 그가 원용하는 "의미의 과잉집중"은 곧 눈부신
수축의 대상이기도 하다. 혁명적 사건의 "동력"은 타키투스의
글에서 바로 빠져 나온 것 같은 두 개념으로 사실 완벽하게 요
약된다. 공백과 대체라는 개념이 그것이다. 근원적인 혁명적
새로움, 마치 광대 페르켄니우스의 달변 같은 그것을 유발하는
것은 제대로 말하자면 공백이다. 미증유의 사건으로서의 프랑
스 혁명은 "권력의 공백"에 의해 촉발되며, 최초의 어떤 사라
짐에서 출발하여 "비어 있는 공간 안에 정착한다." "1787년 이

---

6. François Furet, *Penser la Révolution française*, Gallimard, 1978, p. 39.

후의 프랑스 왕국은 국가 없는 사회이다."[7] 권력의 이러한 공백
은 "조각난 사회적 총체를 상상적인 것에 의해 재구조화하는"
데 투입되는 힘을 강제한다. 빈 공간을 점유하라는 이런 강제
는 결과적으로 "민주적 말하기의 대체 통치, '인민'의 이름 아
래 사회의 지배"를 확립한다.[8]

　대혁명에 대한 비판적 역사학의 서사적 플롯은 마치 타키투
스의 이야기 플롯을 재생하는 것 같다. 즉, 공권력의 공백이 말
하기를 과도하게 행하는 것의 증가를 유발했다는 것이다. 그러
나 고대 문학과 현대 역사 과학의 이야기 시퀀스들의 외관상의
유사성은 각각의 요소들의 본성에서 드러나는 심층의 차이를
가린다. 두 경우 다 비-자리가 원인이지만, 그 방식은 서로 다
르다. 타키투스에게 있어서 비-자리는 하나의 순수한 공백이
다. 반면에 비판적 역사 과학은 비-자리의 이론으로 이 공백을
채운다. 그것은 상상적인 것의 이론에 입각하여 대체를 규정하
며, 공권력의 공백에 아주 특수한 하나의 현실성의 지위를 부
여하는 이론이다. 이 역사 과학은 우선 대체를 명명하고, 이어
서 대체를 과학의 타자인 미망, 상상태, 이데올로기 등의 개념
과 동일시한다. "의미의 과잉집중"은 과도한 말하기일 뿐만 아
니라, 자신의 원인에 대한 특정한 오인이다. "1789년 이후의 혁
명적 의식은 이미 존재하지 않는 국가를 타도하겠다는 미망이
다. 처음부터 그 의식은 현실 역사에 비해 관념을 항상 더 높이

---

7. *Ibid.*, p. 39, 41, 42.
8. *Ibid.*, p. 47.

치는 것이었다[…]."[9] 혁명적인 급진성의 상상태를 구조화하고, 이 상상태로 하여금 여러 이질적 계열로 교차되는 사건들을 "인간들에 대한 나쁜 통치의 필연적인 소산"으로 전화시킬 수 있도록 한 것은 바로 이 회고적 미망이다.

이와 같은 점이 두 이야기의 주요한 근본적 차이이다. 타키투스는 권력의 우연한 공백을 어떤 말하기의 비-자리와 연결시킨다. 페르켄니우스가 말하기를 행한다는 것 자체가 부당한 일이기에 타키투스는 그 내용이 미망이냐 아니면 진실이냐에 관해서는 판단을 하지 않아도 되었다. 반면에 학문적인 역사는 자신의 타자를 규정함으로써 자신을 입증한다. 공백에서 비롯된 말하기, 즉 존재할 자리가 없는 말하기는 반드시 미망의 말하기이다. 그런데 과학의 이러한 가시적 표식은 보다 은밀하고 본질적인 다른 표식을 은폐한다. 비-자리의 효과에서의 차이는 그것의 원인에서의 차이, 즉 비-자리 그 자체의 존재론적 지위에서의 차이로 돌아간다. 타키투스에게 있어서 공백이란 경험적으로 지시할 수 있는 하나의 사건이다. 아우구스투스가 죽었고, 훈련이 실제로 중단되었으니 말이다. 반면에 퓌레가 제시하는 공백에는 우연적으로가 아니라 구조적으로 드러나지 않는다는 속성이 있다. "1787년 이후의 프랑스 왕국은 국가 없는 사회이다. […] 혁명적 의식은 이미 존재하지 않는 국가를 타도하겠다는 미망이다." 미망이 힘을 갖게 되는 이유는 미망이 보

---

9. *Ibid.*, p. 42.

지 못하는 것이야말로 보이는 걸 허락하지 않는 것이라는 데 있다. 피레우스 항구를 사람과 구별하지 못할 리는 없고, 동물의 방광 말린 것을 초롱과 구별 못할 리도 없는 법이다. 하지만 비실존이란 이 세상에서 가장 보기 어려운 사물이다. 국가들의 비실존이란, 국가들이 실존하는 한에서, 반드시 가려야만 하는 것이다. 단순히 "벽 속의 지리멸렬"을 보지 못하게 "전통의 외관"이 속인들의 시선을 가리는 것만은 아니다.[10] 상징적 벽들이 거기에 있는 것은 국가들의 고유한 균열들을 감추기 위함이다. 1787년 이후에, "프랑스 왕국은 국가 없는 사회이다"라는 언표는 입증할 수도 반증할 수도 없는 언표이며, 지시대상에 특정한 유예 효과를 산출하는 언표이다. 과도한 말하기와 진리를 분리시켰던 타키투스의 수사학적 유예가 아니라, 사건 이야기를 과학의 메타포와 구별할 수 없게 만드는 과학적 유예이다. 말하기라는 사건의 과도함을 산출하는 것, 그것은 이 말하기를 야기한 공백을, 오직 과학만이 보게 될 공백을 보는 것의 불가능성이다. 오직 과학만이 알고 있는 것, 그것은 왕이 죽음에 처해지기 전에 이미 또 다른 죽음에 의해 죽었다는 것이다. 학자의 시선 이외의 모든 시선에 보이지 않는 이 죽음에 대한 무지야말로 이미 죽은 왕과 싸우겠다는 미망을 촉발한다. 이 미망이 찾아낸 논리적 결론이 시역과 테러이다.

혁명적 사건에 대한 설명은 이렇게 군주적-경험주의적 모델

---

10. *Ibid.*, p. 42.

의 범주들과 합류한다. 이제 말하기의 혼미함을 유발하며, 사건을 만드는 미망도 유발하는 비-자리는 언제나 동일한 원인을 갖는다. 비-자리는 현재의 비-현존이다. 역사의 행위자들은 실은 이미 과거의 것인 무엇인가와 싸워 미래를 창출한다는 미망 속에서 산다. 프랑스 혁명은 이러한 미망을 총칭하는 이름이며, 오인과 유토피아 ─ 현재의 것이라고 믿은 것이 과거의 것임에 대한 오인과 현재의 미래화인 유토피아 ─ 의 접속인 사건의 잘못된 현재를 총칭하는 이름이다. 프랑스 혁명은 이 혁명이 벌써 이루어졌다는 점에 대한 무지로부터 태어난 혁명 만들기라는 미망이다.

이 순환 논증은 프랑스 혁명에 대한 외관상 모순되는 기존의 두 해석을 교차시킨다. 하나는 자유주의적 해석으로, 근대 사회들의 진화의 필연성 안에 혁명을 기입하며, 혁명을 아주 오래 전 군주정 때부터 예견된 것으로 제시한다. 다른 하나는 반혁명적 해석으로, 혁명을 유기적으로 구성된 사회에 철학적인 개인주의와 평등주의라는 인위적 질서를 부과하려는 강압적 충격으로 묘사한다. 전자의 전통은 근대에 오랫동안 평등이 진행되어 왔으며 이와 더불어 통합과 군주제적인 집중화 작용이 있었음을 제시하는 토크빌이 구현한다. 이러한 해석에 따르면, 공화주의적 국민을 만들어 냈던 것은 사실 왕들이다. 1789년이면, 이미 혁명이 일어난 뒤였다. 그래서 토크빌은 그의 연구를 1789년 이전에 중단할 수 있었고, 왜 혁명가들이 더 이상 수행할 필요가 없는 혁명을 행하는 데 열광했던가를 알아보려는 관심은 다른 이들에게 맡길 수 있었다. 반혁명적인 설명이 들어서는 것은 바로 이런 공허함 속이다. 이 설명의 특정한 대상은 일어나서는 안 되었던 것이 어떻게 일어났는가를 설명하는 것이다. 그리고 설명의 원리는 단순하다. 비-자리의 전문가 집단인 지식인들의 존재를 원인으로 지목하는 것이 그 설명 원리이다. "사상단체들"의 규정적 역할에 관한 오귀스탱 코쉰Augustin Cochin의 해석을 특징지으려고 퓌레는 "지식인들의 사회학"을 말한다. 그런데 여기서도 역시 이 "사회학자"는 말과 사물의 간격을 고발하는 자일 뿐이다. 실제로 코쉰은 반혁명이 사회학에게 탄생의 자리로서 부여했던 시초 장면, 즉 유기적인 사회적 유대가 철학적 인위성과 개인주의로 인해 찢겨나가는 드라마를 사회학이 다시 취하도록 한다. "지식인들"은 "철학자들"이라는 정치적 이름을 대신하게 된 학문적 이름이다. 게다가 그것은, 불가분하게도, 어떤 이야기 기능의 이름이다. 요컨대 비-자리를 발생하도록 하는 주체들의 이야기 기능을 가리키는 이름이다. 두 해석들은 이렇게 서로 이어진다. 장래를 상상하는 혁명은 이 혁명이 이미 과거의 것임을 사회가 의식하게 되는 데 필요한 기간 동안 지속된다. "사회적인 것을 이데올로기에 대해 독립적인 것으로 만듦으로써, 로베스피에르의 죽음은 우리로 하여금 코쉰에서 토크빌로 나아가도록 한다." "테르미도르 9일은 두 시기를 나누는 동시에 혁명에 대한 두 개념을 나눈다. 그것은 코쉰의 혁명을 끝낸다. 반면에 그것은 토크빌의 혁명을 출현시킨다."[11]

이 정식은 우리가 집중해서 살펴볼 만한 가치가 있다. 물론 우리는, 펠리페 2세가 결코 브로델을 접견한 적이 없는 것과 마찬가지로, 코쉰도 토크빌도 혁명을 실행하지 않았다는 점을 알고 있다. 우리는 양의적 모순 어법이나 이야기와 담론의 등가 형상들에 속지 않는다. 하지만 왕의 죽음에 대한 이야기 안에서 유지되던 이 등가성이 여기서는 이야기를 흡수하는 담론 쪽으로, 사건을 대신하는 해석 쪽으로 완전히 기운다. 보충 작용이 주체들의 대체를 실행하며, 역사의 장면을 역사학의 장면으로 대체한다. 이 장면에서 프랑스 혁명은 혁명을 만든다고 믿었던 자들과는 다른 행위자들의 사안이며, 해석들의 얽힘으로만 존재한다. 사건을 해석들로부터 해방시켜서 파악하겠다는 애초의 의지는 이제 정확히 반전된다. 테르미도르 9일의 표징적 사건은 사건의 미망이 군림하는 것의 완료이며, 미망의 해석과 현실의 해석이라는 두 해석 또는 정치학의 두 담론을 나누는 순수 경계이다. 역사가 이렇게 역사학으로 소실되는 가운데, 역사에 대한 학문적 주장은 역사의 대상을 무효화하는 극단에 이르며, 정치에 대한 학문적 주장에 손을 뻗게 된다. 역사학이 된 역사는 정치학의 일부가 되며, 정치적 정당성의 균열들 안에서 말하기의 사건을 증식시키는 착란을 연구하는 데 할당되는 기형학 또는 악마학이 된다. 역사가 폐지되고 사회학 또는 정치학이 되는 것이 역사가의 학문적 믿음의 끝이다. 혁

---

11. *Ibid.*, p. 101-2.

명의 학문적 수정의 완료는 아마도 역사의 시대의 종언을 나타
낼 것이다.

한편, 이러한 완료로 인해, 이 완료가 종결시킨 저 시대로 되
돌아갈 수 있게 된다. 역사의 시대란, 역사가 낡은 정치적 기예
와 사태 관리의 새로운 과학 사이에서, 서사적이고 과학적이며
정치적인 삼중의 계약을 접합해 내는 지성적 이야기로 득세하
던 시대이다. 이 시대는 말하기의 과도함을 중립화시키기에 적
절하면서도 역사에 대한 학자적인 믿음에 내재적인 죽음 충동
을 제어하기에도 적절한, 개념적이고 서사적인 장치를 역사가
들이 창안했던 시대였다. 미슐레에서 브로델에 이르는 역사의
시대란 역사가들이 왕의 죽음이라는 장면을 이야기와 과학의
균형 위에서 다시 서술할 수 있었던 시대였다.

창설적 이야기

　민주주의 시대의 학문적 역사는 문제적인 계보를 갖고 있다. 뤼시앙 페브르는 미슐레Michelet를 아날학파의 아버지로 인정한다. 하지만 의무적인 오마주는 이 부계의 의미에 모호함을 남긴다. 실상 이 선조는 거추장스럽다. 정통으로 훈련 받은 역사가들이라면 엄밀하고 신중한 역사학 방법이 저 낭만적인 역사가의 정념들과, 환영들과, 언어 효과들에 빚지고 있다는 점을 이해하지 못한다. 그래서 이들은 기꺼이 이러한 접속에 대해 연구해야 할 책임을 그 기호학자[바르트]에게 넘긴다.[1] 반면에 이 글에서는 미슐레의 "환영들"과 스타일 효과들이 아날학파의 과학적 말하기의 조건들임을, 이것들이 최근에 인식론적 단절

---

1. 이 기호학자 ─ 롤랑 바르트 ─ 가 자신의 책 *Michlet par lui-même* (Le Seuil, 1954)에서 경탄스러운 방식으로 그 책임을 완수했다는 것을 누구든 확인할 수 있다. 지식의 시학에 관한 성찰이라면, 관점 여하를 떠나, 이 저자의 다른 책에도 그렇지만, 바로 이 책에 빚지고 있다.

이라 불렸던 것, 즉 내가 지식의 시학적 구조들의 혁명이라고
부르기를 선호하는 것을 실행하고 있음을 제시할 것이다.

대중 시대의 역사를 위하여, 실제로 미슐레가 창안한 것, 그
것은 말들의 과도함과, 왕의 "쓸모없는 서류더미 속에서의 죽
음"을 다루는 기술art이다. 군주적-경험주의적 모델에 맞서, 그
는 공화주의적-낭만주의적 역사 패러다임을 창안했다. 이는 역
사가 하나의 비교 사회학 또는 경제학 또는 정치학의 부속물이
아니라 하나의 역사로 유지되길 원한다면 반드시 입각해야 할
패러다임이다. 이 패러다임의 구성은 혁명적 사건에 대한 이야
기를, 말하기의 혁명적 과도함에 대한 규제를 ─ 이 과도함을
제거하면서도 말하기의 사건적 위상은 유지하는 ─ 전제한다.

이러한 규제를 『프랑스 혁명사』에 나오는 하나의 예시적인
창설적fondateur 이야기, 즉 시민연맹제la fête de la Fédération 이야
기에서 읽을 수 있다. 미슐레가 보기에 이 축제는 실로 혁명의
의미가 드러나는 평화적이고 근본적인 사건이다. 파괴된 바스
티유나 참수된 왕권이 아니라 새로운 정치적 실체의 출현이라
는 사건. 이 정치적 실체는 사랑의 새로운 대상인 조국이다.
"마침내 어둠이 걷히고, 안개가 물러가니, 프랑스는 스스로 사
랑했던 것을, 아직 붙잡지 못했지만 추구했던 그것을 뚜렷하게
본다. 그것은 조국의 통일성이다. [⋯] 그들을 환영하고 포옹하
는 제단 위에서 위대한 조국이 그들에게 출현한다."[2]

---

2. Michelet, *Histoire de la Révolution française*, Robert Laffont, 1979, p. 324.

이것이야말로 말해야만 하는 사건이다. 낡은 연대기에서 벗어날 뿐만 아니라 기만적이고 유혹적인 말들을 향한 군주적-경험주의적 원한怨恨에서도 해방된 어떤 새로운 역사를 창설하고자 한다면 말이다. 적어도 페브르는 이 점을 완벽하게 이해하고 있었다. 요컨대 사물들의 새로운 역사는 어떤 이름들의 현실, 특히 군주라는 이름을 승계하는 다음과 같은 이름들, 즉 프랑스, 조국, 또는 민족처럼, 연대기 작가들의 경험주의적 관행에서는 거부되던 이 "인격화된 추상들"의 현실 위에서 성립한다는 조건하에서만 가능하다.[3] 대중의 시대에, 사건사가 아닌 어떤 역사를 가능한 것으로 만들려면, 구현된 추상의 등장을 경축하려고 군중이 모인 이 사건에 대해 먼저 말해야만 한다. 군중에게 어떤 말이 현존하는 것을 이미 주어진 현실(군주정에 의해 만들어진 통일성) 속으로 그리고 이데올로기적인 번역(사상단체들의 도취된 장광설에 의해 만들어진 합의) 속으로 분해시키는 식으로 저 현존을 해소하지 않으면서 이 사건에 대해 말해야 하는 것이다.

이 사건이 왕권의 공백을 대신한 이데올로기의 공백만을 나타내는 것이 되지 않으려면, 이 사건이 민주주의적 정치와 학문적 역사에 공통의 기원적 자리를 부여하는 것이 되려면, 이 사건을 어떻게 이야기해야 할까? 미슐레는 이런 질문에 해법을 제공한다. 이를 위해 그가 창안한 것, 이것은 펠리페 2세의

3. Lucien Febvre, "Parole, matière première de l'histoire," *Annales d'histoire sociale*, 1943, p. 91.

죽음에 관한 브로델의 장에서 볼 수 있었던 것과 같은 원리, 즉 상투적인 이야기가 아니라 비-사건적인 사건에 어울리는 새로운 이야기의 원리이다. 이를 위해 그는 매우 독특한 사유의 경로를 밟아간다. 처음 보면, 사건에 대한 이야기를 위해 그가 우리에게 제시하는 것은, 사건으로 하여금 충분하게 말하도록 하는 것으로 보이는, 실존했던 이들의 증언인 듯하다. "대부분의 연맹은 자신들의 역사를 이야기한다"고 말하면서, 그는 이런 문학과 문헌들의 예외적인 특성을 검토한다. 이 문헌들은 사건에 관한 것이자 동시에 새로운 시대의 기념물들이다. "탄생하는 형제애의 존엄한 기념물들 [⋯] 당신들은 영원히 남아 우리 아버지들의 심장에 대해, 그들이 처음으로 조국의 사랑스러운 얼굴을 보았을 때의 그 격정에 대해 증언할 것이다."[4]

이 새로운 종류의 자료가 제시하는 바는 무명씨의 인민이 말하는 존재들의 세계에 진입했다는 사건이다. 어떤 의미에서는, 이 자료는 사건 그 자체와 동일한 것이다. 그 기록들 자체가 조국의 출현이라는 사건이요, 새로운 기억과 역사의 구성인 것이다. 우선은 이 기록들로 하여금 말하도록 하는 것으로 충분해 보인다. 인용부호를 붙이고 세 번에 걸친 극적 반전을 주어, 역사가가 혁명의 진정한 행위자라고 찬양하는 이 인민의, 즉 새로운 역사적 행위자의 목소리를 내게 하는 것으로 충분해 보인다. 그런데 이야기는 전혀 다르게 구성된다. 오히려 전면에 등

---

4. Michelet, *op. cit.*, p. 325.

장하는 건 역사가 미슐레이다. 그는 연맹들의 이야기들을 손에 쥐고 우리 앞에 나타난다. 그에 따르면, 이 이야기들은 이야기 이상이며, 태어나는 조국을 향한 사랑의 편지들이다. "읽은 사람이 별로 없는 이 문헌들을 내가 최근에 개봉했을 때, 나는 이 모든 것이 60년이 지난 지금도 전과 다름없이 타오르고 있음을 알았다."[5]

처음에는 새로운 행위자가 말하도록 역사가는 자신을 감추는 것처럼 보였다. 그런데 전면에 등장하는 건 오히려 그 역사가이다. 그는 자신이 특이한 행동을 했다는 것을 인정한다. 그는 보석함을 열어서 망각 속에 잠자고 있던 이 증언들을 읽었다. 그는 우리에게 이 증언들이 사랑의 편지들이라고 말한다. "가시적으로 심장이 말한다." 하지만 이 말하기의 가시성은 오직 미슐레에게만 보일 뿐이다. 그가 우리에게 제시하는 것은 단지 그로 하여금 그 증언들을 사랑의 편지들이라고 보게 만드는 것, 즉 그것들의 내용이 아니라 그것들의 겉모습이다. "물체의 세부가 매우 두드러진다. 이 노트들을 묶은 호화롭고 작은 삼색 리본들에 대해서는 굳이 말하지 않더라도, 그토록 아름다운 서체나 그토록 화려한 종이는 없으리라."[6]

이 이야기들을 사랑의 편지들로 지칭하는 것, 그것은 이 이야기들이 말하는 바가 아니다. 사랑의 편지들이 결코 사랑을 말하지 않는다는 점은 널리 알려져 있다. 촌락의 혁명당원들은

5. *Ibid.*, p. 325.
6. *Ibid.*, p. 325.

사랑의 경험이 없는 젊은이들 같다. 그들은 진부한 상투어들과, 소설의 문구들과, 다른 이들에게서 베낀 연애편지들을 반복한다. 그러니 새로운 사랑의 역사가는 이것들을 인용할 이유가 없다. 게다가 타키투스가 페르켄니우스의 연설을 다시 쓰는 것과 같은 방식으로 그가 이것들을 다시 쓰지도 않을 것이다. 귀족적인 수사학과 군주적-경험주의 사이에서 그는 제3의 길, 즉 타자의 말하기를 다루는 또 다른 방식을 정의할 것이다. 그가 민주적인 역사 지식에 고유한 이 제3의 길을 여는 것은 "사랑의 편지들"에 관한 보잘것없어 보이는 두 가지 작업에서다.

첫째, 그는 우리로 하여금 그 편지들을 보도록 만든다. 즉, 그는 우리가 그를 수중에 편지를 지니고 있거나 또는 지녔던 사람으로, 그렇다는 것을 리본들의 색으로 입증할 수 있는 사람으로 보도록 만든다. 이 색이야말로 펠리페 2세는 상상할 수 없었던 진리의 색이며, 그래서 펠리페 2세는 자신을 관통하는 의미보다 스스로 열등하다는 점을 자인하는 것이다. 둘째, 그는 우리에게 그 편지들이 알려주는 것이 그것들의 내용이 아니라 그것들을 쓰도록 만든 역량임을, 그것들에게서 표현되는 역량임을 알려준다. 그것들의 진정한 내용이면서도 그것들이 우리에게 제시해 줄 수는 없었던 이 역량을 역사가 미슐레가 이야기 안에서 연출하여 우리에게 제시할 것이다. 우리에게 그 리본들을 상찬했던 편지들을 다시 함에 집어넣은 그는 이 편지들을 어떤 이야기, 즉 연맹제의 이야기로 대체하려 한다. 이런 저런 연맹제가 아니라, 이런저런 환경에 놓인 연맹제가 아니라, 그 본질로 표상되는 연맹제. 수확기의 농촌, 생명과 성장과 죽음의 상징들 주변으로 집결한 전체 민중, 수확기의 이삭들 중에서 살아 있는 꽃이자 말할 수는 없지만 어머니의 입으로 시민 서약을 하는 신생아. 어린아이들에게 둘러싸여 모든 인민을 아이로 여기면서, 화관 또는 "흰옷의 무리"를 이룬 젊은 여인들을 주재하는 노인. 그녀들 중 누군가는 "고귀하고 매혹적인 말들"을 하는데, 그녀들이 내일의 영웅들을 만들 것이라는 점을 제하면, 그 어떤 말도 우리에게 말해지지 않는다.[7]

침묵하는 노인, 어머니로 인해 말하게 되는 아이, 무언의 연설을 하는 처자, "훌륭한 몽상가들"이 된 참석자들. 이들은 에스파냐의 왕만큼이나 목소리가 낮은 인민이다. "인민은 전진한다. 인민은 행동하지 않는다. 인민은 행동할 필요가 없다. 인민은 전진하는 것으로 충분하다"라고 미슐레는 우리에게 소리 높여 말했다. 비슷하게, 이런 식으로 말할 수도 있겠다. 인민은 말하지 않는다. 인민은 말할 필요가 없다. 다만 인민이 스스로를 대표하는 것으로 충분하다. 촌락 문사들의 장황한 기록을 침묵하는 인민의 모습으로 대체함으로써, 미슐레는 말들의 과도함에 대한, 쓸모없는 서류더미 혁명에 대한 새로운 해법을 창안한다. 그는 빈민들을 침묵하게 하면서 말하도록 하는 기술을, 빈민들이 벙어리로서 말하도록 하는 기술을 창안한다. "글쓰기와, 자신에 대해 이야기하기와, 타인들에게 말하기에 열광

---

7. *Ibid.*, p. 327.

한" 비천한 이들의 허영에 가해지는 매우 정밀한 작업이 여기서 이루어진다. 역사가 미슐레는 저 비천한 이들을 가시화하면서 침묵하게 만드는 것이다. 수중에 있는 기록들의 리본들을 우리에게 묘사해 주는 역사가의 이야기와, 농촌의 중심에서 벌어지는 거대한 가족 축제의 묘사는 말하기의 곤경을 쫓아버린다. 이 이야기와 묘사는 시대착오의 효과이며 시대착오를 선동하기도 하는 말해진 것, 언제나 이미 말해진 것을 가시적인 것으로 전화시킨다. 이 가시성은 말하기가 표현하지 못했던 의미를 제시해 준다. 이야기의 진리는 제시되고 배열된 편지들의 이 의미 보존에 근거한다. 그런데 의미의 이러한 보존은 우리를 진정한 발화자들에게 돌려보낸다. 진정한 발화자들은 문맹들의 편지들을 작성해 주는 책임을 진 대서인들이나 촌락 문사들 또는 선생들이 아니라, 태어나 성장하고 죽는 생명의 역량들이다. 빈민들의 너무 솔직한 사랑의 편지들에서보다 역사가가 재구성한 묘사 안에서 더 직접적으로 말하는 어떤 의미의 역량들 말이다.

"빈민들"의 말하기가 헛된 것은 아니다. 지면이 하얗게 될 정도로 그들의 말에서 부정확함을 제거해야만 하는 것도 아니다. 군주적-경험주의의 주장에 미슐레는 다른 주장을 대립시킨다. 말하기를 행하는 자들은 결코 헛되게 말하지 않는다는 주장을. 그들의 말하기는 항상 의미로 충만하다. 다만, 그들은 자신들을 말하게 만드는 이 의미, 자신들을 통해 말하는 이 의미를 모를 뿐이다. 역사가의 역할은 바로 이 목소리를 구해내는 것이다. 이를 위해, 그는 빈민들의 말하기가 **맹목적인** 강세를 구사하는 장면을 지우고, 이 말하기를 가시성의 장면으로 끌어가야만 한다. 이 말하기에서 표현되는 침묵의 목소리가 말하도록, 이 말하기가 속해 있는 진정한 형체가 침묵의 목소리를 통해 지각 가능한 것이 되도록, 그는 이 말하기를 침묵으로 끌어가야만 한다. 촌락의 작가에게 참인 것은 대도시의 웅변가에게는 더욱더 참이다. 리옹의 웅변가이자 순교자인 샬리에Chalier에 대한 묘사가 이를 훌륭하게 예증한다. 혁명적 웅변의 다른 영웅들에 대해서 그런 것과 마찬가지로, 이 웅변가에 대해서도 미슐레는 그의 언술에서 개진되는 문구들을 우리에게 거의 알려주지 않는다. 그렇게 한다면 그의 말하기를 진리 바깥에, 미메시스의 논리 안에 놓는 셈이 될 것이다. 페르켄니우스를 모방하는 타키투스를 혁명적 웅변가들이 모방하는 그런 미메시스 말이다. 그는 우리에게 샬리에의 단 하나의 텍스트만을 인용한다. 그의 유언, 죽음으로서의 말하기를. 혁명적 행위자가 말하는 것은, 그가 자신에게서 표현되는 생명의 목소리를 내는 것은 오직 죽음을 통해서다. 샬리에를 말하게 할 이유가 없다면, 그것은 어떤 개인이 자신의 입으로 말하고 있는 것이 아니라는 점에서 그런 것이다. 그의 선지자적인 언술들 중에서 우리에게 남아 있는 드문 "이례적" 억양이 그것을 실제로 드러낸다. "이 선지자가, 이 광대가 사람이 아니라 하나의 도시이며, 고통 받는 세계이자 리옹의 탄식이라고 자주 느껴진다. 여태껏 침묵하던 더러운 거리의 깊은 진창이 그를 통해 목소리를 얻는다. 그

를 통해 오래된 어둠과 여지껏 낮을 부끄러워하던 축축하고 더
러운 집들이 말하기 시작한다. 기아와 밤샘 노동이, 버려진 아
이들이, 부정하다고 낙인찍힌 여인들이 말하기 시작한다. 짓밟
히고 모욕당하고 희생당한 세대들이 각성하고 일어나 자신들
의 무덤에서 위협과 죽음의 노래를 부른다. 이러한 목소리들과
노래와 위협들, 이 모든 것이 샬리에라고 불린다."[8]

  말과 이름의 차이, 동음이의를 사냥하던 이들에게 고락을 안
겨주던 바로 이 차이가 여기서 해법을 찾는다. 미슐레가 창설
한 것과 같은 그런 공화주의적 역사 패러다임은 일반화된 동의
어 패러다임이다. 샬리에라는 이름은 그를 통해 나오는 목소리
와 동의어이며, 그의 말하기에서 목소리를 얻는 모든 자리들과
세대들과 동의어이다. 웅변가들의 이름이나 그들의 언술의 말
들이나 사정은 매한가지다. 리옹의 에스겔의 예언들 안에서 진
정으로 말하고 있는 것은 거리의 진흙이며, 축축하고 더러운
집들이다. 마찬가지로, 연맹들의 편지들 안에서 말하고 있는
것은 시골의 수확물들과, 꽃들과, 향기들이다. 바로 여기에 연
맹들의 의사록의 진리가 있다. 연맹들의 의사록 그 자체를 진
리와 유사한 것으로 만들고 수확기의 꽃으로 변모시킴으로써
이야기가 표현하는 진리 말이다. "농촌 코뮌들의 의사록은 수
확기의 한복판에서 자라난 것 같은 많은 야생화이다. 그 의사
록에서 이 풍요로운 시기의 강렬한 생기로 가득한 시골 냄새를

---

8. *Ibid.*, t. II, p. 532-3.

맡는다. 거기서 익은 밀 사이를 산책한다."[9]

리옹의 진흙을 상기시키는 것이든, 시골을 상기시키는 것이든, 모두 역사 과학의 문학적인 전사前史에 속하는 것들인가? 그렇게 본다면, 여기서 문학이 과학을 대신하여 행하는 바를 아예 무시하려고, 문학이 뜻하는 바를 편의적으로 무시하는 일이 될 것이다. 화려한 메타포는 이야기를 장식하는 것과는 전혀 다른 무엇이다. 그것은 의사록들의 의미를 **지각 가능한 것**으로 만든다. 그것도 잘 정의된 방식으로. 시각과 후각과 촉각 사이에서 그 메타포가 조직하는 감각 작용들은 말하기의 음성적 허영에 알맞은 감각인 청각을 세심하게 배제한다. 문학적인 메타포는 경험 없는 이들의 사랑 편지의 "내용"을 역사가가 꿈꾸는 유토피아와 동일시한다. 현재의 현존과, 현재에의 현존이라는 유토피아 말이다. 이 메타포는 역사가의 담론에 시학적 형상들을 배치하며, 이 형상들은 다시 브로델적인 이야기와 접합된다. 문학적인 메타포는 이야기의 기호들이나 특권들과 담론의 그것들 사이의 상호교환가능성을 확립한다. 미슐레가 이룩하는 이러한 혁명에 의해 사건의 이야기는 그 의미의 이야기가 된다. 예컨대 그는 수중에 쥔 편지들의 내용이 아니라 내용의 의미에 대해 우리에게 이야기하면서, 이 의미를 이야기들의 내용에 대한 **설명**으로서의 의미로 산출하는 대신에 그것을 우리에게 **이야기하면서** 역사가임을 과시하는 가운데 그런 혁명을

---

9. *Ibid.*, t. I, p. 329.

실행한다. 학자의 담론은 이야기가 된다("나는 이 모든 것이… 전과 다름없이 타오르고 있음을 알았다"). 그리하여 이야기는 담론이 될 수 있게 되며, 이야기의 자동 전개 — 벵베니스트가 "아무도 말하지 않는다"고 했던 그 자동 전개 — 는 지나간 사건의 환기("우선 노인이 주재한다… 사랑스러운 무리가 흰 옷을 입고 행진한다…")와 그 의미의 설명("모든 낡은 상징들이 바랜다… 진정한 상징은 다른 곳에 있다… 인간에게 상징은 곧 인간이다")을 단일한 장부 위에 적을 수 있게 되며, 이야기는 이것들을 사건에 현존하는 의미의 시제인 바로 그 현재 시제로 다룰 수 있게 된다("이 모든 것은 오늘날 바래든가, 그렇지 않으면 사라진다").[10]

저자의 자기 담론에의 현존과 이야기의 자동 전개에서의 저자의 부재 사이의 상호교환가능성은 이 창설적인 담론-이야기 안에 있는 현재 시제에서 확고해진다. 새로운 역사의 글쓰기를 특징짓는 이러한 시제의 혁명을 개시한 이가 미슐레이다. 물론 그가 이야기에서의 단순 과거 시제 사용의 위세를 포기한 건 아니다. 하지만 그는 선언과 논평 또는 금언의 현재 시제와 저 단순 과거 시제를 대립시키는 체제를 깨트린다. 그는 사건에 내재하는 의미를 나타내기 위해 현재 시제를 선호하면서 단순 과거 시제를 부지불식간에 삭제한다. 연맹제 이야기는 시제의 주목할 만한 이종 교배를 보여준다. 우선 역사가는 이 이야기에 과거의 표식을 남겨("나는 이 모든 것이… 알았다") 축제를 그

---

10. *Ibid.*, p. 324-31.

본질의 면에서 더 잘 제시한다("모든 낡은 상징들이 바랜다… 우선 노인이 주재한다…"). 여기부터 이야기는 단순 과거로 넘어가 지 시대상들을 제공한다("생탕데올에서, 선서의 영예는 두 노인에게 돌 아갔다"). 이야기는 현재로 돌아가, 사건의 힘을 제시하며("사랑 스러운 무리가 흰 옷을 입고 행진한다"), 그 행위자들을 친숙하게 하거나("내일 일을 해야 하니…") 또는 역사의 교훈들을 끌어낸다 "(여성들은 공적 삶에서 멀어진다. 진정으로 여성들이 그 누구보다도 공적인 권리를 갖는다는 점이 지나치게 망각된다"). 서사는 불완료 과거로 고정되어 장면을 본질화한다("이렇게 되었던 것은 시골의 야외에서였다"). 마침내 이야기는 시제의 표지를 전부 없애버리 고 명사구를 통해 사건의 의미를 절대화한다("의례적인 상징은 이제 없음. 온 자연, 온 정신, 온 진리").

시제와 법과 인칭의 구별은 이야기를 하는 이의 위상 또는 사 건을 상대화하여 진리를 문제화하는데, 이러한 구별이 사라지 는 것이 실제로 여기 온 진리*tout vérité*에서다. 미슐레가 명사구 를 전통적인 용법(금언의 무시간성)에서 떼어내 역사의 시간에 구두점을 찍는 데 사용한 것이 단순히 개인적 스타일의 효과는 아니다. 뤼시앙 페브르가 이를 정성껏 보존하고 아날학파에 전 승했다면, 이는 저 명사구가 새로운 역사 지식에 본질적인 어 떤 시학적 구조를 정의한다는 점을 뜻한다. 이 명사구는 담론 의 시제와 이야기의 시제를 편리하게 이어주는 것에만 머물지 않는다. 더 깊은 심층에서 그것은 과거의 외양을 중화한다. 이 러한 외양은 역사가의 십자가이다. 역사가로 하여금 "동시대의 사회학자"에게 필사적으로 의존하게 하는 바로 그것이다. 과거의 외양은 불확실, 죽음, 비본질성 따위의 비-진리로 일컬어지는 것에 각인되어 있다. 이 명사구는 이러한 비-진리를 삭제한다. 그것은 과거 없는 이야기하기이며, 주체 없는 주장이다. 사건과 거리를 두거나 또는 사건 이야기를 하는 자를 멀리 두면서, 그 거리를 시사하거나 회의를 표시하는 모든 것이 여기서 파산한다. 말하기의 사건이라는 곤경을 피하려고, 또 역사가 감응하는 진리 양식을 역사에 부여하기 위해 미슐레가 창안한 역사의 스타일을 표시해 주는 것이 바로 이 명사구이다.

진리가 나타내는 것이 사실들과 숫자의 정밀함이라든가 자료들의 신뢰성이라든가 추론들의 엄밀함 그 이상인 한에서 진리야말로 문제이기 때문에, 진리는 어떤 담론이 지향하는 존재론적 양태와 관련된다. 클럽의 웅변가들 또는 촌락의 작가들 대신에 말하기를 행하는 도시의 진흙 또는 들판의 꽃이 우리에게 그 점을 충분하게 알려준다. 그것들은 서구 사상에서 플라톤의 몇몇 명제와 질문이 정의했던 바의 그런 진리의 지형 위에 우리를 놓는다. 살아 있는 말의 이름으로 죽은 문자를 비난하는 것, 시인들의 거짓을 비판하는 것, 진흙의 이데아가 있는가를 알고자 질문하는 것 등이 그 지형을 이룬다. 이런 비난들과 아포리아들에 대해 미슐레의 시학이 제공하는 답변들은 새로운 역사에 과학적 방법론(덧붙여 위신까지)뿐만 아니라 진리라는 지위를 부여하기에 적당한 것들이다. 그는 진흙에 전혀 소용이 없는 이데아가 아니라 목소리를 부여하는데, 이 목소리는 진흙에 형체를 부여하며 글쓰기의 죽은 기호들을 살아 있는 진리로 전환시킨다. 그는 시를 수단으로 그렇게 하며, 그리하여 시적인 비-진리를 무효화한다.

　담론 형식과 이야기 형식의 언어학적 교환이 뜻하는 바를 실제로 이해하기 위해서는 여기서 철학과 시의, 진리 사유와 미메시스 기술의 낡은 갈등의 해결을 인식해야만 한다. 『국가』3권에서, 플라톤은 허위성의 정도에 따라 다양한 시적 형식들을 분류했다. 플라톤에게 이러한 허위성은 시인이 작중 인물들의 모사 뒤에서 자신의 개입을 숨기면 숨길수록 그만큼 더 커지는 것이었다. 가장 덜 기만적인 시는 시인이 작중 인물들과 거리를 두며, 그 자신의 시에서 말하는 주체가 자신임이 보이도록 하는 그런 시였다. 이것은 이야기 양식, 즉 디에게시스 양식이 지배하는 시였다. 반면에 가장 기만적인 것은 시인인 '나'와 이야기 심급이 부재하는 시였다. 그래서 예컨대 비극적 장면에서는 미메시스의 미망이 우세했던 것이다. 시인은, 마치 그가 창안한 말들이 오레스테스나 아가멤논의 말인 것처럼, 작중 인물들이 스스로 표현하는 말인 것처럼 썼다. 플라톤에게 있어서 비극적 미메시스에 대한 이런 비난은 민주주의에 대한 비난과 짝을 이루는 것이었다. 비극적 미망 자체는 외양과 아첨의 민주주의적 군림에, 웅변가의 자의성과 데모스의 자의성이 무한히 서로를 반영하는 그런 민주주의적 군림에 속했다.

　플라톤이 시인과 민주주의를 동시에 비난했던 것에 대해 충분한 논평들이 있었지만, 그의 비난이 미메시스와 디에게시스의 대립 안에서, 모방과 이야기의 대립 안에서 정식화되었다는 점은 별로 주목 받지 못했던 것 같다. 이러한 정식의 중요성은 이것이 시의 가능한 구제 조건들을 은연중에 묘사한다는 데 있다. 이야기가 반-미메시스적인 능력들을 활용해서 시에 어떤 진리 체제를 부여할 수 있지 않을까? 민주주의에도 역시? 이것이 바로 민주주의를 진리로 전환시키고 수사학의 특권과 비극의 폭력에서 민주주의를 빼내는 데 심혈을 기울인 민주주의자 미슐레가 창안한 용법이다. 그는 이야기의 능력들을 사용하여 미메시스의 체계, 즉 순문학과 정치의 거울 유희를 파괴한다. 페르켄니우스를 모방하는 타키투스가 이번에는 후대의 저 모든 페르켄니우스들에 의해 모방되던 그 거울 유희 말이다. 미메시스는 순문학의 낡은 정전들만을 정의했던 것은 아니다. 그것은 또한 삼류 라틴어 학자들이나 인민의 웅변가들이 그 순문학에서 차용했던 무기이며, 왕에게 잘못된 죽음인 비-공화주의적 시역과 비-과학적인 수사학적 죽음을 내렸던 무대 위의 모든 인민들의 원칙이었다. 미메시스의 우위를 파괴한다는 것은 과도한 말하기의 군림에서 민주주의를 떼어내기 위해서나, 대중의 심층의 생활의 역사가 왕의 연대기를 계승하기 위해서나, 공히 요청되던 것이었다. 미슐레의 창설적 이야기가 행한 것이 바로 이것이다. 창설적 이야기는 "빈민들의 말하기"의 의미 체제를 바꿨다. 이제 인민의 목소리는 더 이상 웅변가들의 그것이 아니다. 조국에 대한 사랑의 상투어들을 반복하는 무대의 인민에게 말하기를 부여했을 따옴표들을, 미슐레는 그 어떤 사

랑 편지도 말하지 않는 사랑 이야기인 반–미메시스적인 이야기
로 대체한다. 그의 이야기는 말하기를 미메시스의 목소리에서
빼내어 이것에게 다른 목소리를 부여한다. 그의 이야기는 언어
의 새로운 문체와 새로운 모방을 피해 말하기의 의미를 따로
보존한다. 그의 이야기는 인민의 웅변가나 문필가 대신에 진흙
이나 수확물이 말하도록 함으로써, 인민의 정치적 군림과 이에
대한 학문적 역사가 공통으로 자신들의 자리에 뿌리내리도록
한다. 그의 이야기는 이 자리에 형체를 부여하며, 그리하여 이
형체의 목소리는 인민의 정치적 군림과 이에 대한 학문적인 역
사의 혼란을 진정시킨다. 그의 이야기는 민주주의의 주체와 과
학의 대상을 동시에 자리매김한다.

  역사 과학은 **이야기**와 문학의 유혹들에 맞서 획득되는 것이
아니라, **미메시스**를 이야기 안으로 연결시켜 획득된다. 역사
과학은 과장된 낭만주의에 맞서 획득되는 것이 아니라, 낭만주
의라고 불리는 운동의 한복판에서 획득된다. 이 운동은 모방의
군림이 끝나는 것을, 순문학의 규칙들이 문학의 비조건성으로
전화되는 것을 뜻한다.[11] 문학이 역사를 진리 담론으로서 가능
하게 하는 것은 문학이 절대성 안에서 긍정되는 것을 통해서,
미메시스와 장르 분할로부터 벗어나는 것을 통해서이다. 문학
은 새로운 이야기의 창안에 의해 그렇게 한다. 시제와 인칭이
의미의 현재 안으로 미끄러지는 것을 확실하게 함으로써, 이

---

11. Philippe Lacoue-Labarthe et Jean-Luc Nancy, *L'Absolu littéraire*, Le Seuil, 1978. 참조.

새로운 이야기는 스타일의 고상함 이상을 정립한다. 이 이야기는 인민과 과학에 공히 적절한 존재 방식을 확정한다. 문학은 빈민들의 서류더미에 진리 위상을 부여한다. 문학이 제거하는 동시에 유지하는 것, 그 나름의 길을 통해 중화하는 것은 역사를 가능하게 하고 역사 과학을 불가능하게 하는 이 조건, 즉 인간이라는 존재가 지닌 문학적 동물이라는 불행한 고유성이다.

역사 행위자의 이러한 문학성은 이중적인 이야기에 의해 중화된다. 편지들을 제시하지만, 이 편지들이 표현하는 바를 묘사하는 가운데 편지들을 사라지게 하기에 이중적인 이야기. 이 문학적 대체 장치는 다음과 같은 질문에 답하는 것이다. 어떻게 성경의 아이들의 혁명을 진리 안에서 말할 것이며, 빈민들의 서류더미가 자신의 진리에 대해 갖는 간격을 사물과 대치하는 말의 단순한 비-자리로 간주하지 않으면서 이 간격을 표시할 것인가? 이에 대한 답변은 편지를 무효화하면서 편지의 의미를 보존하며, 이 의미를 가시화하는 이중적인 이야기 안에서 주어진다. 두 이야기 각각은 무지의 면전에서 지식의 위상을 정의한다. 독자 또는 학생 면전에서, 함을 열었던 탐구자의 지식. 전문성 없는 말하기를 행하는 이들 면전에서, 함 안의 편지들을 정돈하며, 이들이 알지는 못하지만 이들의 산문 안에서 표현되었던 바를 말하는 학자의 지식. 과학이 스스로 과학임을 나타내는 것은 숨은 것과 보이는 것의 작용을 통해서인데, 이 작용은 이러한 이중적인 무지의 간격 안에서 성립된다.

우리가 이미 아는 대로, 과학이란 숨어 있는 것에 대해서만 존재한다. 그런데 이 숨어 있는 것의 생산은 역사가의 지식 구성에 본질적인 시학적 작업이다. 창조적이지만 고통 받는 민중에게서 지식과 목소리를 박탈하여 자신의 학자로서의 특권을 확고히 하려고 편지들을 감추며 함을 닫아버리는 역사가의 모습을 우리에게 제시하는 민중주의적 연상에 넘어가지 않고 역사가의 지식을 이해하는 것이 필요하다. 뜻하는 바를 언제나 잘못 전하는 사랑 편지들을 정돈하는 것, 그것은 민중의 살아 있는 살이 아니라 반대로 민중의 살의 부재를 빼내는 것이다. 가장 진지한 사랑 편지의 핵심인 부재 또는 배신을 빼내는 것이다. 말들의 이면에는 결국 말들만 있을 뿐이라는 점에 따른 배신, 문학이 자신의 힘을 사용하여 드러내거나 감추는 부재.

이런 내용을 이해하는 데 가장 좋은 것은 미슐레의 이야기를 또 다른 문학적 실천과 비교하는 것이다. 이 문학적 실천은 문맹들이 혁명 조국에게 보내는 또 다른 사랑 편지들을 보여준다. 『기병대』의 골자를 이루는 일련의 짧은 이야기들 안에, 이사크 바벨Isaac Babel은 폴란드 전선에서 혁명 병사들로 변신한 쿠반 출신의 코사크들이 쓴(썼다고 가정되는) 편지들을 집어넣는다. 적군赤軍 기병대에 가담한 지식인이 조국 소비에트를 위해 진짜 코사크들이 쓴 사랑의 편지들을 모방한다. 하지만, 물론, 쿠반의 코사크들은 이 편지들을 쓰거나 그들의 사랑을 말할 능력이 없다. 이 편지들의 문장은 규정에 맞는 공식들에 따라 소비에트 서정시의 상투어들을 연결하는 데 불과하다. 저 진짜 코사크들 특유의 과장된 어투를 소설가가 모방하고, 코사크들 스스로는 자신들이 편지를 투고한 저널(『적군 기병대』)의 사설들을 모방한다. 그런데 유대인 작가 이사크 바벨이나 그의 다른 동료들과 한 무리의 지식인들이 아니라면 누가 이 사설들을 쓸 수 있겠는가? 문학적(누가 말하는가?), 정치적(누가 말이 아니라 진정으로 조국 소비에트를 사랑하는가?) 이중 회의를 키우는 **미메시스**의 완벽한 순환. 이 사랑은 코사크들의 방언으로는 결코 말해질 수 없을 것이다. 하지만 이사크 바벨은 결코 쿠반의 대초원의 냄새를 느끼게 할 수 없을 것이다. 사랑의 말들 이면에는 검은 진흙도, 꽃으로 덮인 촌락도 없는 것이다. 배신과 죽음만 있다. 부디에니Boudienny 기병대의 코사크들이 만나게 될 죽음. 새로운 삶을 묘사하고 찬미할 말들을 찾아낼 능력이 없는 배신자 이사크 바벨에게 돌아갈 죽음.

미슐레의 이야기는 바로 이러한 배신 또는 부재를 차단한다. 샬리에가 가짜 리옹 사람으로 피에몬테 왕국 출신의 이방인이었다 해도, 그의 이름과 그의 말들 뒤에는 소비에트의 전투적 작가와 그의 영웅들에게 결여된 모든 것이 있다. 사부아의 눈과 순례자의 길이 있고, 거리의 목소리와 세대들의 목소리가 있다. 편지들을 정돈하여 미슐레는 부재를 바로잡는다. 그는 민주주의와 과학을 위해 민중에게 형체를 준다. 그의 문학적 작업은 통상적으로 이해되는 의미에서의 문학으로 난 문을 닫는다. 그냥 말일 뿐인 말들의 허영으로 난 문을. 숨겨진 편지의 유희는 말들이 "그냥 말에 불과한 것"이 결코 아님을 확고하게 한다. 형체 없는 말들은 없으며, 그 누구의 것도 그 무엇의 것

도 아닌 이름들도 없다. 동음이의어들의 기만에 맞서는 무한한
원한에 동의어의 일반적 군림을 대립시킬 수 있는 것은, 언제
나 우연적인 지시대상이 말들에게 주어지는 것이 아니라 형체
를 갖게 해주는 목소리가 말들에게 주어지는 한에서다. 이중적
인 이야기가 말의 배신 일체에 맞서 역사의 대상을 확고하게
하는 것은 이중의 권위를 연출하는 것을 통해서다. 과학의 원
천을 장악하고 언제나 기만적인 편지를 지식의 정밀한 보존으
로 전화시키는 문서고의 인간인 학자의 권위가 그 하나요, 이
학자로 인해 침묵하게 되면서도 말하기를 행하게 되는 새로운
파트너인 **침묵의 증인**의 권위가 다른 하나이다.

　미메시스를 대체하는 이야기는 벙어리 증인이라는 인물을 창
안하는데, 이 인물은 역사를 과학으로 정립하는 데 있어서 본
질적이다. 이러한 창안이 『프랑스 법의 기원들』의 외관상 "수
사학적인" 일부 내용들에서보다 더 잘 요약되어 있는 곳은 없
다. 낭만주의에서 법의 진정한 기원이라고 상정되는 것, 즉 법
의 속성이 아니라 계통으로부터 출발하여 법을 설명하는 미슐
레는 아이들을 설명하는 고대의 관행과 만난다. 고대 풍습의
잔인함을 환기시킬 뿐만 아니라 우리의 사유를 정립하는 창설
적인 거대 서사들인 모세와 오이디푸스 이야기도 환기시키는
버려진 아이들 이야기 말이다. 그런데 미슐레는 이러한 물질적
또는 상징적 잔인함을 우선 배제한다. 정말로 버려지는 아이는
결코 없다고, 그는 우리에게 말한다. 자연의 모성이 모든 아이
를 품는다. "자연에 맡겨진 인간쓰레기도 종종 잘 자랐다. 거친

어머니인 자연이 그를 입양했고, 차가운 잠자리에 나뭇잎을 깔아주었으며, 북풍으로 어르며 잠재웠고, 늑대의 젖과 사자의 기상으로 키웠다." 따라서 버려진 아이란 없다. 하지만 의미의 질서 안에서 이런 명제에 등가인 것을 제공하는 이어진 문장에 나오는 것이 우리에게는 본질적이다. 자신의 목소리를 찾지 못하는 고통이란 없다는 것. 모든 잃어버린 말의 자리에 이 말의 의미를 나타내는 목소리가 들어선다. "어미들의 탄식은 무엇인가? 이 어미들만이 그것을 말할 수 있으리라. 바위들이 그것을 슬퍼하며 눈물을 흘렸다. 시모니드의 다나에를 듣고 대양이 감동했다."[12]

여기서 역사가의 담론의 혁명을 정의하는 두 가지 작업은 두 구절로 요약된다. 말하기를 보존하기와 그 형체를 전위하기. 말하기를 보존하기. 자신의 목소리를 잃어버린 어미들만이 그것을 말할 수 있으리라. 여기서 조건법이 반-암시적 간과법 contre-prétérition의 문채文彩를 도입한다. 이 문채는 수사학 전통에서 밝히기 어려운 미메시스를 가리키는 암시적 간과법의 정확한 역이다. 암시적 간과법은 재현하기에 적당치 않은 것을 가짜로 재현한다.

나는 그대들의 눈앞에 제시되었어야 할 것을 청할 수 있으리라. 승리를 거둔 손의 이 진귀하고 위대한 수훈을….

---

12. Michelet, *Œuvres complètes*, Flammarion, 1973, t. III, p. 607.

거부된 제시와는 반대로, 저 조건법은 빼기의 효과, 즉 반-수
사학적이며 반-미메시스적인 효과를 발휘한다. 조건법은 어미
들의 탄식(사실 시에 의해 부단히 모방되어 왔던 이 탄식)을 모방할
수 없는 것의 차원에 놓는다. 고통을 말할 수 있을 그녀는, 하
늘에 떠 있는 '큰개자리'가 모든 짖어대는 동물에 대해 갖는 거
리와 동일한 거리를 저 모든 모방에 대해 취하면서, 부재하며
침묵한다. 전개된 이야기 내용은 모방할 수 없는 것의 표시 아
래 놓이며, 이를 통해 진실함의 표식을 받는다. 모방될 수 없는
저 주체는 진리의 보증인이요, 어떤 말하기가 있었고 어떤 의
미가 표현되었음에 대한 증인이지만, 이제 벙어리가 되어 **미메
시스**와는 근원적으로 다른 담론 안에서 말하기가 다시 이루어
지도록 한다. 모방의 불가능성이 벙어리 증인을 산출한다. 과
학의 진리를 쥐고 있는, 비록 이 진리를 스스로 건넬 수는 없더
라도 여하튼 쥐고 있는 벙어리 증인을. 말할 수 있을 그녀의 형
상(이야기하기를 정당화하는 심급)은 벙어리 증인의 형상(지식을
정당화하는 심급)이 된다.

필요한 것은 다만 목소리의 형체의 전위뿐이다. 도피네 마을
또는 리옹의 진흙으로 하여금 말하게 할 형체, 그러나 여기서
그것의 영점으로 표현되는 형체가 필요하다. "바위들이 그것을
슬퍼하며 눈물을 흘렸다. 시모니드의 다나에를 듣고 대양이 감
동했다." 홀로 말할 수 있을 어미, 모방될 수 없는 이 어미의 메
아리가 되는 것, 즉 이 어미를 대체하는 것은 통상적으로는 말
하기를 행하지 않는 것의 담론, 즉 자리와 사물의 담론이다. 바

위들은 눈물을 흘리며, 대양은 감동한다. 벙어리 어미를 대신
해서 말하기를 행하는 말하기의 모성적인 자리가 존재한다. 다
나에를, 그녀의 아들과 그녀의 목소리를 받아들이고 통과시키
는 대양이 존재한다.[13]

책에 있는 바위들과 시에 나오는 대양으로 하여금 슬퍼하며
눈물 흘리게 만드는 이 두 구절은 단지 문학인가? 하지만 이 대
목들이 진지한 역사가들의 진지한 언표들과 맺는 유사성, "우
리 역사가들이 머뭇거리며 왕에게 다가간다. 대사들을 맞을 때
처럼, 그는 최상의 세련된 예법을 갖춰 우리를 대한다…" 또는
"로베스피에르의 죽음은 우리를 코쉰에서 토크빌로 나아가게
한다." 따위의 언표들과 맺는 유사성이 어찌 인상적이지 않겠
는가? 우리가 이 문구들이 이야기하는 바의 사실 같지 않음과
이 문구들이 의미하는 바의 명료함을 곧바로 이해한다면, 이는
미슐레가 처음으로 보여준 과도함 덕분이 아닐까? 미슐레는
이 과도함에 의해 저 문구들의 의미작용의 특수한 체제를 만들
어 낸다. 그에 의해 시작된 과도함은 진리인가 오류인가의 구
도 속에서 그 자체로는 지정될 수 없는 어떤 이야기 또는 어떤
신화를 통해 역사에게 진리의 자리를 창출해 준 어떤 문구의

13. 미슐레가 바다가 아니라 대양을 말하는 것은 헤시오도스 식의 오래된 숭배
대상을 향한 경외 때문이 아니다. 대양이 규정된 의미작용을 갖게 되는 것은 미슐
레 자신의 "신화론" 안에서다. 대양, 그것은 바로 목소리를 갖는 바다인 것이다.
"대양은 목소리다 […] 대양이란 창조가 시작되며 힘차게 지속되는 광활한 도가니
이기에, 대양은 창조에 대한 살아 있는 웅변인 것이다. 요컨대 그것은 생명에게
말을 거는 생명이다." *La Mer*, Paris, 1861, p. 400-1.

과도함이다.

신화를 다루는 세 가지 방식이 있다. 시인 시모니드의 방식이 있다. 그는 전승되어 온 다나에 이야기, 즉 아버지에 의해 상자에 갇혀 아들 페르세우스와 함께 바다로 버려진 이야기를 받아들인다. 그는 이 틀 안에서 그녀의 탄식을 모방하려 애쓴다. 이 신화적인 이야기들을 해석하여 여기서 실체적인 핵심을 분리해 내려 하는 신화학자들의 방식도 있다. 알레고리스트들의 방식에 따른다면, 이 핵심은 우화의 덮개 아래 숨겨진 심층의 진리일 수 있다. 비평가의 방식에 따른다면, 이것은 시원적 정서의 표현일 수 있다. 말하자면, 꾸며낸 우화의 기원적 언어 안에서 형상화되는 인간성에 대한 이와 같은 놀라움 또는 이와 같은 원초적 공포일 수 있다는 것이다. 예컨대 미슐레의 스승인 비코가 고대 그리스인들의 상상태 안에서 태어난 제우스에 대해 우리에게 설명할 때 논지를 전개하는 방식이 이런 것이다. 그가 우리에게 보여주는 고대 그리스인들은 벼락 치는 현상에 질겁하고 혼미해진 이들이며, 벼락의 원인을 신에게 돌려, 벼락은 신이 자신들에게 말하는 신호라고 여기는 이들이다.[14]

그런데 미슐레는 제3의 길을 취한다. 그는 시인들처럼 다나에의 탄식을 되풀이하는 것은 하지 않는다. 그는 신화학자들처럼 제우스의 사랑에 관한 그리스인들의 우화들이 뜻할 수 있는 바를 질문하는 것은 하지 않는다. 낭만주의적 글쓰기는, 새로

---

14. Vico, *Principe de la philosophie de l'histoire*, Armand Colin, 1963, p. 110-1.

운 역사를 가능하게 하는 이 글쓰기는 단숨에 모방적인 순진함
과 해석적인 과학이라는 고전적인 양자택일 너머에 위치한다.
이 두 방안은 항상 어떤 외재성을 가정했다. 모방되는 모델의
외재성, 또는 우화에 숨어 있는 의미의 외재성. 미슐레는, 미슐
레야말로, 모방과 해석이라는 두 가지 외재성 형상을 배제하는
이야기하기의 연속성 안에 안착한다. 과연 미슐레가 다나에 이
야기를 믿었는지 질문하는 것은 부질없는 일일 것이다. 왜 그
가 믿지 않는 이야기를 자신의 논증 안에 포함하는가를 질문하
는 것은 더욱 부질없는 일일 것이다. 이야기하기는 이런 질문
들을 행동으로 해소한다. 믿음에 대한 질문 일체를 유예하는
연속성 안에서 이야기하기 자체가 입증하는 것은 의미와 관련
된 외재성은 없다는 점, 비-의미는 더더욱 없다는 점이다. 이야
기하기는 비-의미란 있을 수 없는 것임을 확정한다. 이야기하
기는 의미(말해지는 모든 것에 동일한 의미)의 내재성을 말한다.
모든 것이 동일한 양태에 따라, 즉 낭랑하게 말하기가 벙어리
증인의 목소리로 전위되는 양태에 따라 말한다. 슬피 우는 바
위들과 대양의 이야기는 역사에 창설적인 신화론mythologie을
부여한다. 그리고 **신화론**은 만신전의 준거 바깥에서, 원형들의
몽환fantasmagorie 바깥에서 이해되어야만 한다. **신화론**은 여기
서 아주 정확히 **이야기-담론**을, 이야기와 담론의 등가성을 뜻
한다. 요컨대, **로고스**인 **뮈토스**, 이성을 나타내는 이야기, 이야
기 형식 아래 주어지는 과학을 뜻한다. 다나에와 페르세우스의
동반 여행에 대한 최초의 **뮈토스**는 **로고스**의 이야기 그 자체이

다. **로고스**의 본래 뜻은, 그리스어 *logeïn*에 대한 낭만주의 어원
학에 따르면, 받아들인다는 것, 모든 아이에게 제 어미를 되돌
려준다는 것, 모든 고통에 제 목소리를 되돌려준다는 것, 모든
목소리에 제 형체를 되돌려준다는 것에 있다. 또한 제 의미를
담고 있는 이야기하기, 즉 비-의미에 자리를 남겨두지 않는 이
야기하기의 보호를 받으며, 모든 어미와 마찬가지로 모든 말을
무사히 데려가는 것에 있다. 이 **로고스**의 본래 뜻을 문학은 자
기 자신에 맞서 제시해야만 한다. 거짓말쟁이인 시인 시모니드
의 다나에는 허구이다. 하지만 시학적인 짜임으로부터 우리는
시모니드가 알려주지 않는 것을 추출할 수 있다. 바다와 바위
들의 오열이 그것이다. 이것을 우리는 진실한 것으로 삼을 수
있으며, 진리 쪽으로 가게 할 수 있다. 이러한 진리에서 말하기
는 종이 위에 또는 바람 위에 씌어지는 것이 아니라 사물의 텍
스트적인 짜임 안에 새겨진다. 이것은 **미메시스**의 거짓에 의해
항상 오염되는 수다스러운 말하기들과 대립되는 어떤 표현성
과 의미 작용의 자리이다. 말하기보다는 눈물 속에서, 담론의
질서보다는 사물의 배치 안에서, **진리**를 더 잘 읽을 수 있다고,
미슐레는 우리에게 말한다. 아무도 말하려 하지 않는 곳에서,
아무도 기만하려 하지 않는 곳에서 진리는 더 잘 읽힌다. 벙어
리 증인 이론은 첫눈에 모순으로 보이는 두 언표를 잇는다. 첫
째, 모두가 말하며, 침묵은 없고, 잃어버린 말은 더욱 없다.
둘째, 진정으로 말하는 것은 오직 침묵하는 것뿐이다.

　"땅의 수호자이며 인간의 기념물인 묘지에는 필요하면 말을

할 벙어리 증인이 들어 있다."[15] 미슐레의 "강신술적인" 환상을
비웃기에 앞서, 그가 구상하는 논리 구조의 형상을 인식해야만
한다. 미슐레의 논리 구조는 말했을 법한 그만이 말한다는 데
있다. 말했던 그는 전혀 아니다. 보존된 말의, 묘지에 있는 말
의 조건법(반-불완료과거)만이 역사가의 이야기에서 오류 없는
현재를 정립할 수 있다. 발언할 수 있었을 법할 뿐인 그녀만이
말한다. 조건법의 침묵의 목소리는 묘지의 돌에 의해서만 또는
바위의 눈물에 의해서만 우리에게 되돌아올 수 있는 목소리이
다. 그것은 종이 없는 목소리이며, 사물 안에 단단하게 기입된
의미로, 우리는 이것을 일상생활의 대상들의 물질성 안에서 읽
을 수 있으며, 한없이 계속 읽을 수 있을 법하다. "인간이 이 매
혹적인 신비에 대해 생각하고 반복할 때 사용하는 침묵의 기호
들이 전부 열거될 수 있어야만 할 것이다. 순결한 관능으로 두
존재의 혼동을 환기시키는 겉옷의 상징들, 노동의 조화로운 다
양성을 표현하는 가사의 상징들, 인생의 부드러운 교류를 약속
하는 집의 상징들."[16] 전에 계통 또는 죽음에 대해 그런 것처럼,
결혼에 대해서 우리의 실제 청각은 약간의 파토스도 감당하지
못한다. 하지만 노동과 인생의 이런 상징들이, 친족관계와 집
그리고 바위와 죽음의 역사들이 열어주는 것은 바로 우리의 역
사 작업장이다. 이것들을 현존하게 하는 이 조건법이 열어주는
것, 이것은 역사가의 새로운 글쓰기의 조건이다. 또한 이것은 벙

---

15. Michelet, *Œuvres complètes, op. cit.*, t. III, p. 610.
16. *Ibid.*

어리 증인이 순결한 또는 죽은 수호자가 되는 상징 질서이다.

이 역사가에 의해 거짓 없는 의미 작용으로 끌려 들어간 벙어리 증인의 세계를 우리 세기의 역사는 자신의 지형이라고 주장한다. 대사들의 서한과 빈민들의 쓸모없는 서류더미 대신에, 말하기를 행하지 않는 많은 말하기들과, 사물들 안에 기입된 전언들 말이다. 미슐레의 "낭만주의적" 과도함은 창설의 과도함일 뿐이며, 꾸밈 없는 역사에 대한 판독들을 가능하게 해주는 상징 질서의 과도함일 뿐이다. 영토들에 의해 생산되면서 또한 이 영토들을 변형시켰던 것들의 특성과 행위와 속박들을 읽을 수 있도록 이 영토들을 판독하는 것이다. 물질문명이라고 불리게 될 것(대상들과 도구들의 세계, 일상의 실천들, 몸의 사용과 상징적 태도들)의 모든 기념비와 흔적을 판독하는 것. 요컨대, 우리의 학문적 역사에서 존경하지만 성가신 아버지인 미슐레가 이 역사를 위해 열어주었던 것은 바로 물질생활의 대규모 규칙성들과 망탈리테 역사의 완만한 변동들로 이루어지는 지형 전체였다. 만일 우리의 세기가 이런 세계의 견고함을 편지들의 허영에, 또한 『프랑스사』의 저자의 낭만주의적 다변多辯에 대립시킬 수 있었다면, 이것은 이 저자가 처음으로 이런 세계를 모든 것이 말하는 공간으로 나타냈기 때문이며, 그가 영토의 주름 또는 바위의 침식을, 그리고 집안 손질의 대상 또는 일상생활의 몸짓을 중단 없이 이어지는 하나의 담론의 장면으로 나타냈기 때문이며, 그가 이것들을 기입과 전언의 담지자들인 벙어리 증인들로 세웠기 때문이다. 그는 이것들을, 다시 붙여서

구성되는 의미 형상의 떨어져나간 조각들로 간주했으며, 상징 *sumbolon*의 본래 뜻대로 깨진 두 조각이 다시 합쳐져 애초의 결합을 증언하는 대상이라는 뜻에서 상징적 형상의 떨어져 나간 조각들로 간주했다.

가장 중요한 결합, 이것은 형체와 목소리의 결합, 즉 궁극적으로 바다와 아이의 결합이며, 의미라는 모성적 심급과 담론이라는 자식에 해당되는 남성적인 심급의 결합이다. 다나에와 그녀의 아들의 동반 여행이 이야기하는 것은 정확히 의미의 이러한 논리이다. 태양이 그 어미와 함께 무사히 데려간 이 아이는 신화론에서 유명한 이름을 갖는다. 그는 화석으로 만들어버리는 얼굴을 지닌 메두사를 처단한 이요, 안드로메다와 그 어미를 해방시킨 영웅이며, 여성 일반을 해방시킨 영웅이며, 처음에는 그를 인도했지만 나중에는 그가 바위에서 풀어주어야만 한 의미의 모성을 해방시킨 영웅 페르세우스이다. 버려지고, 거두어지고, 애비를 죽이는 아이들에 대한 책에 미슐레는 실제로 특이한 한 페이지를 덧붙인다. 그는 오이디푸스와 모세의 동생을 무대에 올린다. 페르세우스가 어미와 함께 상자에 갇혔던 것은 조부인 아크리시아스에게 내려진 신탁에서 외손자가 그를 죽일 것이라 예언했기 때문이다. 이리하여 아크리시아스는 경계하게 되고, 다나에는 탑에 갇히고, 황금비를 맞고, 아들과 함께 바다로 버려지는 벌을 받는다. 하지만 페르세우스는 행복한 오이디푸스이다. 어미와 결혼하기는커녕 그는 자격 없는 남편에게서 그녀를 구할 것이다. 게다가 그가 조부를 죽이게 되는 것은 어디까지나 우연히 일어난 스타디움의 사고 때문이었다. 페르세우스 신화는 말하는 주체의 상처에 대한 가장 낙관적인 판본을 제공한다. 버려지자마자 자연과 의미의 모성 안에서 거두어진, 자신을 인도했던 어머니 자연과 제 어미를 해방시켜 자신의 빚을 갚은 아이. 땅을 모태로 해서 말하기와 의미가 존재하게 된다. 아이를 인도했던 이 의미를 이번에는 아이가 북돋아주고 자유롭게 하더라도.

역사의 이러한 시학적 신화, 이것이 미슐레에게는 끊을 수 없게 연결된 정치적 신화이기도 하다. 상징 이론은 역사가의 서사적, 과학적, 정치적인 삼중의 계약을 엄밀하게 통합적으로 취한다. 왕권의 계보와 문장을 계승해야 하는 것, 이것은 의미의 전달과 정당한 후계에 대한 새로운 사유이고, 형체들의 계통과 담론의 질서 사이의 새로운 관계이다. 민주적인 정치와 학문적인 역사 이야기를 위해 미슐레가 창안한 것은 자연의 모성적이고 시학적인 질서와 메마른 과학 및 법의 공화국의 남성적 질서 사이의 계통에 대한 이러한 사유이다. 그가 창안한 것은 상징 질서인데, 이 질서 안에서 진보인 동시에 회귀인 운동이 전개되어야 한다. 인간은 그 자신의 프로메테우스이다. 그는 대리석에서 빠져나온 상이며, 자연과 은총의 최초의 여성적 세계에서 떨어져 나간 아들이다. 하지만 은총이 정의를 향해가는 이 흐름은, 최초의 상징주의가 합리적인 질서를 향해가는 이 흐름은, 늘 소실의 위협을 받는 계통을 복원하는 회귀의 흐름에 의해서만 가능해질 뿐이다. 아들은 공통 의미를 이성과 정의의 엄숙한 균형 속으로 더 잘 변모시키기 위해서 자신의 최초의 유대를 인식해야 하며, 공통 의미의 모성적 기원인 땅에게 진 자신의 빚을 인정해야만 한다. 근대 공화국에서 역사가의 노동은 이런 부채의 지불이며, 법의 공화국과 이 공화국의 기원인 땅 사이의 유대의 재확립이다. 이를 위해 그는 자료로 되돌아가는 것으로, 다시 아이가 되는 것으로 시작해야만 한다. 그리하여 그는 말 못하는 유년*en-fance* 상태에 있는 의미를, 수다스럽지 않은 의미를, 사물들의 텍스트적인 짜임 안에 기입된 의미를 이해한다. 이런 대가를 치러야 공화국을 그것의 대지와 과거에 통합하는 것이, 학자와 정치인을 그들의 인민에 통합하는 것이 가능하다.

확실히 모계의 전설과 자식의 도리는 우리와 거리가 먼 것들이다. 하지만 이런 유치함에 대한 진지한 역사가의 정당한 역정은 반대로 읽힐 수 있다. 또한 사회과학들의 긍정적 자산은 우리에게 잃어버린 정치적 유토피아로 남아 있다. 미슐레의 꿈은 콩트나 뒤르켐의 꿈처럼, 모스나 뤼시앙 페브르의 꿈처럼, 사라져버릴 수 있었다. 그렇지만 다나에와 페르세우스의 우화는 여전히 가능한 한 정확하게 새로운 의미 체제와 새로운 상징 질서를 형상화한다. 이 의미 체제와 상징 질서 안에서 학문적 역사는, 군주들의 죽은 연대기와 빈민들의 몰려오는 수다스러움 사이에 있는, 자신의 언어와 자신의 구문론을 찾을 수 있다.

말하기의 자리

　빈민들의 쓸모없는 서류더미의 혼란, 잃어버린 시간으로 몰려와 역사를 진리 바깥에 놓는 이 혼란이 진정되려면 담론의 질서와 형체의 질서 사이의 관계들에 대한 어떤 규정된 이론이 필요하다. 이는 또한 말하는 주체에 대한 규정된 이론이요, 주체와, 지식과, 말하기와, 죽음 사이의 관계들에 대한 규정된 이론이기도 하다. 요컨대, 혼란이 진정되려면 무의식에 대한 특정한 관념과 정신분석의 특정한 실천이 전제된다.

　이 관념은 오이디푸스의 행복한 동생인 페르세우스 신화 안에서 표상된다. 그런데 미슐레가 알고 있는 오이디푸스는 위협하지도 않고, 근친상간을 범하지도 않으며, 부친살해를 저지르지도 않는 행복한 영웅이다. 소포클레스의 영웅과는 반대로, 그가 저지를 수도 있을 유일한 과오는 그의 모험 의무를 저버리는 것과 그의 부모를 더 이상 돌보지 않는 것에 있을 것이다. 그 과오는 사로잡힌 모성적 의미를 해방시키고, 그 의미가 화석화되는 걸 막아야 하는 자신의 소명을 다하지 못하는 데 있을 것이다. 판독의 끝에는 그 어떤 죽음도 없다. 도리어 수수께끼는 삶으로 되돌려야 할 죽음에 있을 뿐이다. 역사가는 한 명의 오이디푸스이다. 그리고 오이디푸스 자신은 영혼의 해방자라는 의미에서 문자 그대로 정신분석가이다. 영혼은 고대적인 의미에서 이해되어야 한다. 구해내야 할 영혼들은 지옥의 암흑 속에서 신음하며, 대지의 생명의 피를 갈망하는 이들이다. 율리시스 또는 아이네이아스 같은 방랑자들보다 더 행복한 역사가는 이들에게 생명을 되찾게 해줄 수 있는 능력을 갖고 있다. 사실 그는 저들의 죽음의 비밀을 알고 있다. 그는 이 비밀을 의미의 미세하고 결정적인 미끄러짐 안에서 요약한다. 지옥의 죽은 영혼들은 너무 일찍 죽어서 자신들이 살아왔던 바를 알지 못하는 개인들의, 살아간다는 것이 뜻하는 바를 **충분히 빨리 알지 못했기에** 그리고 그것을 말할 줄 몰랐기에 죽은 개인들의 영혼들이다. 미슐레는 영혼들이 자신들의 죽음의 비밀을 스스로 고백하도록 영혼들에게 자신의 펜을 빌려준다. 그 비밀은 그들이 삶의 수수께끼를 알아내지 못했다는 데 있다. "우리는 죽었고, 아직도 말을 더듬나니. 우리의 슬픈 연대기가 그것을 충분히 증언한다. 우리는 인간의 지고한 속성인 명료하게 분절되는 목소리를, 오직 설명하고 설명함으로써 위로하는 이 목소리를 획득하지 못했다. 과연, 우리는 언제나 목소리를 가지게 될 것이며, 삶을 말하게 될 것인가? 우리는 그것을 알지 못했다."[1]

"우리는 죽었고, 아직도 말을 더듬나니Nous sommes morts,

bégayant encore." 이 문장에서 현재 분사에 의한 유예로 인해 시간 연관과 인과 연관은 분간이 안 된다. 삶은 자신의 더듬거리는 말로 인해, 또 자신을 알고 말하는 것이 지체되기에 죽는다. 목소리들의 시대착오적인 소란은 정치와 지식의 혼란을 야기하며, 말하는 존재의 운명에 본질적인 시대착오로 귀결된다. 산다는 사실의 함의는 삶이라는 것을 알지 못한다는 것이고, 말한다는 사실의 함의는 말해지는 것을 알지 못한다는 것이니, 저 소란은 이런 함의들로 귀결된다. 말하기에 장악된 산 사람 자신의 삶에 대한 이 지식의 결핍이 바로 무의식이다. 죽음이라는 것도 이러한 비-지식의 또 다른 이름에 불과하다. 무의식과 죽음은 두 개의 등가적인 통념이며, 서로 대체 가능한 것들이다. 죽었다는 것, 이것은 알지 못한다는 것이며, 자기 자신에 대한 해방적 지식을 기다리고 있다는 것이다. 목소리들의 소란을 진정시키는 것, 이것은 죽음을 진정시키는 것이요, 산다는 것이 뜻하는 바를 알지 못함과 말하지 못함으로 인해 죽은 무리를 달래는 것이다. 이러한 무지에서 영혼들을 — 죽은 이들을 — 해방하는 데에는, 그들에게 자신들의 비밀을 말해 주는 어떤 정신분석가 오이디푸스로 충분하다. "그들에게는 그들 스스로가 의미를 파악하지 못했던 그들만의 수수께끼를 설명해 주는 오이디푸스, 그들의 말하기와, 스스로 이해하지 못했던 그들의 행동이 뜻하는 바를 가르쳐주는 오이디푸스가 필요하

---

1. Michelet, *Journal*, édité par P. Viallaneix, Gallimard, 1959, t. I, p. 378.

다. 그들에게는 프로메테우스가 필요하며, 대기 중에 언 채로
떠도는 목소리들이 그가 훔친 불로 다시 말하게 되는 것이 필
요하다. 그 이상이 필요하다. 전혀 말해지지 않았던 말들을 이
해해야 하며 [⋯] 역사가 더 이상 아무것도 말하지 않는 가공할
피날레이자 역사의 가장 비극적인 억양인, 역사의 침묵들로 하
여금 말하도록 해야 한다. 오직 그럴 때만 망자들은 무덤을 감
수할 것이다. 망자들은 자신들의 운명을 이해하기 시작하며,
부조화를 좀 더 부드러운 조화로 되돌리기 시작하며, 서로 조
용히 오이디푸스의 말을 읊조리기 시작한다. '아아, 모든 것이
이루어졌고, 모든 것이 사실이었구나!' 망자들은 서로 인사하
며 누그러진다. 이들은 자신들의 유골함이 다시 닫히는 걸 내
버려둔다."[2]

미슐레의 이 일기 텍스트를 읽는 두 가지 방식이 있다. 거기
에서 시간의 표식과 한 남자의 강박의 표식을 볼 수 있다. 이 경
우, 우리는 묘지에 있기를 좋아했던 아이를, 관찰을 위해 자기
아내의 주검을 파내도록 하는 홀아비를, 의대 동료들이 하는
해부에 꼭 참석하는 학자를 본다. 이제 우리는 시체애호 강박
증으로부터 역사가 가로챈 특권까지 똑바로 이어진 길을 따
라간다. 그의 특권은 "우리는 너와 이어질 선을 믿고 죽음을 받
아들였다"[3]라고 역사가에게 환기시키는 자들에게 진 역사의 빚

---

2. *Ibid.* 인용되는 대목은 *Œdipe à Colonne*의 마지막 구절이다[『소포클레스 비극
전집』, 도서출판 숲, 2008, 76쪽].
3. Michelet, *L'Histoire de France*의 1869년 서문, *Le Moyen Age*, Robert Laffont,

을 갚기 위해, 스스로 망자가 되어, 망자들의 강을 "여러 번" 건너고 또 건너는 것이다. 하지만 거듭 저 강을 횡단해야 할 필연성에 매달려 있는 이 글쓰기 자체로부터 출발하여, 반대 방향으로 사태를 파악할 수도 있다. 그럴 때 "시체애호 환상"은 엄밀한 이론적 장치의 요소로 나타날 것이다. 죽음과 무의식의 동일시, 이것은 죽음을 잔여가 아니라 가능성의 조건으로 과학 안에 수용하는 것이다. 역사를 진리의 담론으로 구성하는 것은 역사적인 정서affect의 핵심에 있는 이중의 부재를 긍정적으로 잇는 가능성과 관련된다. 지나가버린 것이 존재하고, 이 지나가버린 것에 대한 특정한 정념이 존재하기에 역사가 존재한다. 말들 안에 사물들이 부재하기에, 이름들 안에 그렇게 명명된 것들이 부재하기에 역사가 존재한다. 역사의 지위는 "사물 자체"의 이러한 이중의 부재를 다루기에 달려 있다. "사물 자체"는 이제 더 이상 거기에 없다는 — 이미 지나가 버렸다는 — 점에서의 부재와, 그것에 대해 말해졌던 것과 같은 식으로 존재했던 것이 아니었기에 결코 거기에 있어 본 적이 없었다는 부재. 역사적 정서는 이름에 의해 명명되는 것의 실물의 부재와 연계된다.

역사 담론의 위상들이 규정되는 것은 이러한 부재와의 관계에서다. 수정주의는 역사의 가능성의 조건을 그 불가능성의 조건에 동화시킨다. 역사를 존재하게 하는 이중 부재를, 수정주

1981에 수록.

의는 유혹하는 말들과 시역이라는 형상으로 극화하는데, 이 형상에서는 말과 사물의 균형이 훼손된다. 미슐레는 이 등가성을 반대로 작동시킨다. 즉, 역사의 불가능성의 조건은 그 가능성의 조건에 다름 아닌 것이 된다. 부재의 형식들 각각은 서로 전혀 다르지 않다. 죽음이란 살아 있는 이의 비-지식일 뿐이다. 말의 기만이란 죽음의 과도적인 필연일 뿐이다. 이중의 부재는 어떤 현존의 이중의 보존이다. 소생시켜야 할 어떤 삶의 보존, 지식의 결여가 유발하는 죽음 그 자체에 의해 입증되는 바로 그 지식의 보존. 정치와 지식의 모든 파국은 무지와 죽음의 이러한 등가성 안에서 사라진다. 아들이며 생존자인 역사가는 아주 자연스럽게 이 무지와 죽음을 진정시킨다. 지나가버린 삶에, 스스로에 대해 무지한 삶에 지식(삶의 보충)을, 즉 삶의 덧셈에 결여되어 있던 지식을 덧붙임으로써. 또한 반대로 역사 담론에 부재와 숨김의 차원을, 역사를 연대기의 진부함에서 떼어내는 이 차원을 부여함으로써. 역사를 소설적인 배신과 분리하려면 부재를 구제해야 한다. 그렇지만 역사를 낡은 연대기와 분리하려면 부재와의 계약과 죽음의 포용이 필요하다.

바로 이 대목에 연대기적 역사의 원칙적인 결함이 있다. 이 역사가 두려워하는 것은 과학이나 수가 아니라 죽음이다. 이 역사는 "구현된 추상들"을 거부함으로써, 논란의 여지가 없는 자료들이 입증할 수 있는 주체와 사건들에 만족함으로써, 실증적인 방법론과 과학을 가동시키려 한다. 하지만 이 잘못된 엄밀함의 비밀, 이것은 죽음에 대한 두려움이다. 연대기적 역사

가 왕이나 대사의 사실과 거동에 물신숭배적으로 결부되어 있
는 것은 아니다. 이 역사의 옹호자들은 훌륭한 공화주의자들이
다. 이 역사가 결부되어 있는 것, 그것은 차라리 죽은 왕을 다
른 왕이 계승하게 하고 어떤 대사를 대신해서 다른 대사를 지
명하게 하는, 제도와 삶의 연속성이다. 실증주의적 역사는 그
대상의 부재와 대면하지 않으려 한다. "숨겨진 것" 없이는 과
학도 없으며, "숨겨진 것"은 상자 속에 넣어둔 문서로 축소될
수 없는데, 이 "숨겨진 것"과 대면하지 않으려 하는 것이다. 미
슐레가 역사 과학에 제공하는 이 "숨겨진 것," 그것은 죽음에
의해 숨겨진 삶이다. 연대기적 역사 자체는 말을 더듬는 이 삶
에 계속 붙어 있다. 이 역사에 남아 있는 일은 저 삶과 더불어
말을 더듬는 것 또는 저 삶의 말더듬을 합리화할 수 있게 해주
는 구멍들을 메우는 것이다. 세뇨보스의 "역사 방법론"에서 이
합리화는 의미심장한 이름을 갖는다. 그것은 심리학이라 불린
다. 사료들을 이어주는 줄을 역사가가 팽팽하게 치도록 해주는
것이 바로 이 "심리학"이다.[4] 그런데 이 심리학이란 무엇인가?
죽음을 두려워하는 자들의, 지옥으로의 해방의 하강이나 영혼
과 죽음의 동일시를 거부하는 자들의 "영혼에 대한 과학"임이
분명하다.

---

4. "사회적 사실을 이해하기 위한 조건은 이 사실의 저자인 인간 또는 인간 집단
을 떠올려보는 것에, 이들을 모종의 심리적 상태에 연결할 수 있는 것에 있다. 이
심리적 상태는 매우 모호하게 정의되겠지만, 우리가 그것을 이해하기에는 충분할
정도로 인지되는 것으로, 행위의 동기라 하겠다." Charles Seignobos, *La
Méthode historique appliquée aux sciences sociales*, Paris, 1901, p. 215.

수정주의적 악마학 자체는 죽음을 자기 논지의 중심에, 하지만 잘 한정된 형상 아래 놓는다. 이 악마학은 말들의 과오 탓으로 돌릴 수 있는, 정당성의 죽음인 시역의 추문에 매달린다. 이 악마학은 죽음을 메두사의 머리에 고정시키며, 여기서 출발하여 이데올로기에 대한 끝없는 고발로 스스로를 구성한다. 하지만 이데올로기에 대한 고발이 과학은 아니다. 그것은 기만적인 역량들에 대한 원한 속에서 소진되는 과학의 단초일 뿐이다. 역사 이야기의 과학 되기는 망각된 죽음과 화석화된 죽음 사이의 양자택일 너머에 있다. 이 과학 되기는 죽음을 포함하는 동시에 제거하는 "신화론적인" 대치를 통과한다. 죽음의 포함, 이것은 지나가버린 것과 무의식(아직 의식하지 못함)의 동일시이며, 이 동일시는 말들의 "과오"와 과거의 "과오"를 현존과 지식의 보존으로 전화시킨다. 묘지의 벙어리 증인은 과학이 요청하는 "숨겨진 것"과 완벽하게 동일하다. 묘지의 "목소리"는, 시체애호 환상 너머에서, 명확한 합리성을, 새로운 역사 과학의 합리성을 잘 형상화한다. 자신들이 말했던 바를 알지 못하고 죽은 수다쟁이들의 자리 없는 목소리는 벙어리 증인의 목소리로 구제된다. 벙어리 증인에게 자리와 통로를 부여하는 그런 자리에 의해 정당화된 목소리로 구제되는 것이다. 묘지, 이것은 죽음의 과오에서 구제된 죽음이며, 죽음이 자리를 갖고 자리를 부여하는 한에서 죽음이다. 묘지에 대한 "정념"은 논리 작용의 꾸밈없음으로 귀착될 수 있는데, 말하는 존재의 생산은 이런 작용에 의해 부재의 상처로부터 치유된다. 말의 생산이 모두 어떤 자리의 정당한 표현으로 할당될 수 있는 한에서, 모두는 말하며, 모두는 어떤 의미를 갖는다. 인간들을 키우는 땅, 인간들의 교류가 이루어지는 바다, 인간들의 관계를 읽을 수 있는 일상 대상들, 인간들이 낸 자국을 갖고 있는 바위, 이런 것들이 그런 자리들이다. 죽음의 수용과 벙어리 증인 이론은 동일한 하나의 이론이다. 말하기의 자리의 이론.

묘지에 대한 사유와 대지에 대한 사유가 이어지는 것은 바로 말하기의 자리에 대한 이러한 정의 안에서다. 목소리의 통로로서의 죽음의 이론과 의미의 기입으로서의 공간 이론이 이어지는 것 역시 그렇다. 이런 접합 없이는, 새로운 역사의 연구 방향을 지리학과 종교라는 외관상 거리가 있어 보이는 영토들로 부단히 이끌어가는 이중의 관심을 우리가 이해하기는 어려울 것이다. 뤼시앙 페브르가 『땅과 인간의 진보』에서 『16세기의 무신앙 문제: 라블레의 종교』로 나아가도록, 마르크 블로크가 『프랑스 농촌사의 기본 특성』에서 『마법사 왕』으로 나아가도록, 에마뉘엘 르 르와 라뒤리가 『천년 이후 기후의 역사』에서 몽타이유의 카타리즘 연구로 나아가도록 압박한 필연성을 어떻게 생각할 것인가? 새로운 역사가 인문지리학에 대해 진 빚을 뤼시앙 페브르가 강조했음은 주지의 사실이다. 그는 사회학의 뒤르켐 학파가 지리학자들과 이들을 모방하는 역사가들에게 터뜨렸던 "지리학적 결정론"이라는 불만을 없애주는 데 바친 책으로 그들에게 진 빚을 갚았다. 『땅과 인간의 진보』는 사회학자들의 안티지리학주의와 라첼Ratzel의 인문-지리학의 과도함 사이에서 중간 길을 추구한다. 하지만 원인과 법칙의 전선 위에서 벌어진 이 전투는, 과학주의 시대의 유산인 이 전투는 새로운 역사 프로젝트와 지리학 패러다임을 심층에서 연결하는 것을 어둠 속에 방치한다. 역사의 "지리화"는 사실 미슐레로 소급되며, 이것은 원인들의 이론으로 무장한 역사를 지향하지 않는다. 지리화의 효과는 오히려, 반대로, 역사가 법칙과 원인의 거대한 과학주의적 전투에서 벗어날 수 있도록 해준다는 데 있을 것이다. 미슐레가 역사에 제공한 지리적 "기반"은, 비록 이것이 인종 이론에 대한 하나의 반응이긴 하지만, 역사적 사실을 지리적 데이터에 종속시키는 것은 아니다. 오히려 이것은 심층적으로 의미의 지리화 또는 영토화이다. 대지 또는 환경의 영향이 문제인 것은 아니다. 대지는 분명히 묘지 없이는 아무것도 아니다. 대지는 의미의 기입이며, 묘지는 목소리들의 통로이다. 무엇보다도 새로운 역사가 요구한 "지리"는 왕들에게 좋은 죽음을 부여하며, 역사 과학의 일차적 조건을 정립하는 어떤 상징적 공간이다. 어떤 말하기도 자리 없이는 지속되지 않는다는 것. 역사는 특정한 정신분석의 창안에 의해, 특정한 무의식에, 즉 상징적인 것의 지리에 근거하여 영혼의 해방을 창안하는 것에 의해 공화주의적이고 학문적인 것이 될 수 있다. 의미의 영토화라는 "낭만주의적" 작업에 의한 역사는 공화주의적이고 학문적이다. 이 작업은 말들의 과도함과 목소리들의 분할을 땅과 바다 사이에서, 평야지대와 산악지대 사이에서, 섬과 반도 사이에서 배분한다. 미슐레에게서 왕의 공화주의적 죽음은 '빈민들의 서류더미' 없는 인민에게, 『프랑스사』 2권에서 생생하게 묘사되는 이 영토화된 인민에게 유리하게 실현된다. 이러이러한 산에서 내려오고, 이러이러한 숲에서 나오고, 이러이러한 평야에서 일하고, 이러이러한 하늘을 비추며, 이러이러한 안개에 젖은 사람들의 모자이크인 인민. 미슐레의 자리 이론은 어떤 말하기가 영원히 헛된 것이 될 가능성을 제외한다. 이 이론은 말하기의 생산 모두를 어떤 원인의 정밀한 표현으로 간주함으로써 비-의미를 금지한다. 그러니 성경의 아이들은 길을 잃는 일이 없을 것이다. 사실 모든 책의 문장들은, 궁극적으로, 땅 속에 묻힘과 동시에 영토화되는 형체들의, 땅의 특성으로 만들어지는 형체들의 목소리들이다. 문제가 되는 것은 지질학적 결정론이 아니다. 텐느Taine의 제자들의 몽상은 그것을 역으로 제시할 것이다. 그 어느 자리든 다 나름대로 어떤 특성을 낳는 데 적합하다. 문제가 되는 것은 일반화된 표현성 원칙을 작동시키기, 즉 글에서 목소리로, 목소리에서 형체로, 형체에서 자리로 넘어가는 전이성 원칙을 작동시키기이다. 마지막으로, 단일한 양의적 모순 어법의 유희가 문제인 것이다. 자리란 자리를 부여하는 그것이라는 어법. 말하기의 생산이란 모두 말하기에 자리를 부여하는 바로 그것의, 그 자체 정당성의 정확한 표현으로 표상될 수 있다. 이제 책의 담론은, 아무리 유토피아적이거나 비정통적인 것으로 보일지라도, 언제나 **독사**doxa로, **토포스**topos의 표현으로 해석될 수 있다.

이를 달리 말해 보자. 이단일 가능성이 있는 것은 존재하지 않는다고. 여기서 우리는 새로운 역사의 영토적 사유를 종교적 저항에 대한 질문과 연결하는 필연성을 포착할 수 있다. 아날학파 역사가들의 주요한 관심사들 중에 종교적 저항의 주제가 들어 있다는 것은 잘 알려진 바이다. 예컨대, 라블레Rabelais의 문제적인 무신앙, 몽타이유 농민들과 양치기들의 카타리즘, 방앗간 주인 메노키오의 이단 등을 들 수 있겠다. 종교와 그 일탈들이 이토록 그 역사가들을 사로잡았다는 것이 우선 놀라운 일이다. 라블레가 자신의 세기의 종교만을 가졌으며 그럴 수밖에 없었다는 점을 확증하기 위하여, 뤼시앙 페브르가 낡은 문헌들 속에서 잊혀진, 성직자들의 자질구레한 분쟁들을 10년에 걸쳐 규명했다는 것을 어떻게 이해할 것인가? 역사적 중요성의 새로운 척도와 이 열정적인 시도 사이의 불균형 자체는 다음과 같은 점을 시사하는 것으로 보인다. 이단은 망탈리테의 역사의 특수한 대상이 아니라는 점. 도리어 그것은 그와 같은 역사의 가능성 그 자체에 대한 질문을 제기한다. 망탈리테의 역사는 이단이 제 위치에 다시 놓이고 제 시간과 자리에 배정되는 한에서 가능하다. 사실 이단이란 빈민들의 쓸모없는 서류더미와 성경의 아이들의 혁명이 나타내는 바의 본질 그 자체이다. 이단은 말하기의 과도함이며, 책에 의한, 책에 관한 폭력이다. 이단이 말의 문제들로 사회적 형체를 파열시킨다면, 이는 이단이 무엇보다도 말하는 존재의 혼란 그 자체이기 때문이다. 글쓰기에 사로잡힌 삶의 혼란, 글쓰기 때문에 삶이 삶 자체와 분리되고 삶을 거역하게 되는 그런 혼란 말이다. 이단은 자연과 자연의 상징화 작용에 저항하는 한에서, 과도함 또는 결함에 늘 사로잡혀 있는 한에서 의미의 삶이다. 미셸 드 세르토Michel de Certeau는 『신비주의적 우화』에서 이 과도함 또는 결핍을 모범적으로 분석한다. 한편으로는, 자기 자리를 찾지 못하는 말하기의 과도함을, 예수회 수도사, 칼뱅주의자, 경건주의자, 천년왕국주의자를 거쳐 마침내 라바디스트(동음이의의 치명적 단계)가 되었던 사제 라바디Labadie의 편력이 예증한다. 다른 한편으로는, 성경을 준수함으로써 침묵하게 된 삶의 근원적 결핍을, 타베네시 수도원의 알려지자 사라져버린 이름 없는 "미친 수녀"가 예증한다. "그녀의 광기를 말할 수 있는 그곳에 있지 않기에, 미친 그녀는 제도가 보장하는 계약을 오류로 만들어버렸다. [⋯] 마침내, 그 어떤 계약이든, 최초의 계약이든 최후의 계약이든, 언어의 계약을 그녀는 존중하지 않는다. 우리의 말과 이야기를 반복하는 가운데, 그녀는 이것들의 거짓을 암시한다. 아마도, 상징*sym-bolos*이 통합을 산출하는 허구라면, 그에 반해 그녀는 악마*dia-bolos*, 즉 이 사태의 명명할 수 없음에 의해 상징적인 것을 억제함이다."[5]

이와 같은 것이 역사에서 이단에 걸린 내기이다. 이단은 어원적으로 볼 때 분리를 뜻한다. 그것은 엄밀한 의미에서 악마적인 것*dia-bolique*이다. 요컨대 다시 붙지 않게 깨어진 상징*sumbolon*이고, 다른 것에 덧붙여지지 않는 금속 조각 또는 언어 조각이며,

---

5. Michel de Certeau, *La Fable mystique*, Gallimard, 1982, p. 58.

어머니 없는 아이이며, 형체에서 분리된 목소리이고, 자리에서 분리된 형체이다. 수다쟁이를 받아줄 자리는 없고, 벙어리 증인은 말하지 못한다. 악마적인 것의 심급은 형체들의 교환을, 무의식적인 수다쟁이들을 대신해 진리의 자리로 하여금 말하기를 행하게 하는 그 교환을 금지한다. 달리 말하면, 이 심급은 망탈리테의 역사를 금지하는 것이다. 망탈리테의 역사는 저 악마와의 결산을 끝내야만 비로소 가능해진다. 저 악마에게 자리를 부여해야만 하고, 그 자리에 악마를 결박해야만 한다. 이를 위해서, 이단적인 차이를 근원적으로 재해석해야만 하고, 비-의미와 동일시되는 이 자리-바깥을 제거해야만 한다. 이러한 재해석의 원칙은 단순하다. 악마적인 것을 오인된 상징적인 것으로 되돌리면 된다. 또 이단적인 분리를 두 자리 사이의 단순한 차이로 만들면 되는 것이다.

여기서도 미슐레는 망탈리테의 역사를 정립하는 혁명의 엄격한 개척자이다. 그의 책들 중에서도 "가장 흠잡을 데 없는" 책, 『프랑스사』를 집필하는 20년 동안 생각해 왔던 그 책 『마녀』에서 그것에 관한 정확한 정식이 제시된다. 『마녀』에서, 문제가 된 것은 악마라는 "구멍 난 실체"를 살아 있으며 의미 있는 현실로 변모시키는 것이며, 그에게 생생한 살을 지닌 진짜 이름을 제공하는 것이다. 이를 위해서, 상징 질서의 "계통" 논리에 따라, 그에게 어미를 만들어 주는 것이 필요하다. 악마의 진짜 이름은 사탄이고, 성경의 아이들에 의해 마녀라는 오명을 얻게 된 "뜨겁고 생생한 현실"의 아들이다. "악마"는 마녀의 충실함과 꿈의 아들인 사탄을 악마화하고 비현실적인 것으로 만들기 위해, 말씀을 따르며 헛되이 모방하는 자들에 의해 창안된 종이 위의 피조물이다. 마녀는 반드시 여인이고, 형체와 자리의 상징적 결합을 지키는 최초의 수호자이며, 땅의 정신과 화덕의 성스러움에 충실한 하녀이다. "마녀"는 "교회의 죄"일 뿐이고,[6] 가정과 땅의 상징주의를 수호하는 기능 안에서 남자들만의 통치에 의해, 죽은 책의 숭배자들의 통치에 의해 오인된 여성이다. 그녀는 자리와 화덕의 정령이고, 세상을 경멸하는 자들에 의해 부인된 현세 숭배의 정령이다. 사탄은 아들이고, 그녀의 상상태의 살아 있는 현실성이며, 자리의 신성함을 교회가 금지했지만 "가정의 관습들 중에서도 가장 내밀한 것"[7]에, 화덕과 침대와 요람이라는 핵심에 소멸되지 않고 살아 있는 신성함의 대행자이다. 사탄은 자신의 집이 금지된, 전달의 자리가 금지된, 형체와 의미의 계통이 금지된 영혼이다. 악마적인 것은 자연-어머니의, 자리를 부여하는 자리의 부인되고 금지된 상징성이다. 악마적인 것은, 의미의 중단이나 와해는, 오직 성경의 사람들이 행하며, 제 어미를 잊은 아들들이 행하는 실행에 의해서만 존재하게 된다.

미슐레는 이렇게 망탈리테의 역사의 조건을 확정한다. 모든 마법과, 모든 이단과, 모든 환상과, 모든 침묵은 자신의 자리로 되돌아가게 되고, 어떤 동일한 표현 능력의 산물로 분석된다는

---

6. Michelet, *La Sorcière*, Julliard, 1964, p. 27.
7. *Ibid.*, p. 139.

것이 그 조건이다. 타자의 탈선은 동일자의 오인된 역량일 뿐
이다. 시대착오와 비-의미는 자리 없는 것들이다. 악마는 엄밀
한 의미에서 길들여진다. 즉, 집*domus*에 배정되며, 역사가의 친
숙한 공모자로 변형된다. 미슐레적인 과도함 덕분에, 우리 시
대의 학문적 역사가는 악마의 통제된 장거리 여행들에 매혹당
한 시선을 보낼 수 있을 것이다. "16세기가 저물던 무렵부터 17
세기 전반기에 이르기까지 악마는 확실히 유럽 전역을 여행한
다. 피레네 산맥의 고지대 통로를 거쳐 에스파냐의 문을 연 것
같다." 악마는 미슐레의 불로 진정되어 문화적 생산이 되는데,
이 생산의 단계들과 전위들은 자리들과 시간들의 차이들에 준
거할 수 있는 것들이다. "하지만 광대한 주제는 내버려두자. 이
순간 우리의 관심을 끄는 것은 오직 상이성의 문제, 산악 세계
를 뒤처지게 하는 지체의 문제뿐이다."[8]

　어떤 자리의 다른 자리와의 상이성. 어떤 시간의 다른 시간에
대한 지체. 바로 여기에, 말하기에 장악된 삶의 혼란이라는 "광
대한 주제"가 언제나 귀착될 수 있는 것이 있다. 바로 여기에,
종교적인 차이로 인한 피의 빚이 환원되는 것이 있다. "이 모든
종교적 사안은 신앙과 관습, 다양한 유산들, 심지어 요리 관습
등이 촘촘히 엮인 결과이다."[9] 종교에 완고한 무심함을 보이는
브로델에 따르면, 독실한 가톨릭 왕국과 에스파냐 유대인들의
충돌은 전적으로 성경과 성경의 사람들 없이 일어날 수 있다.

---

8. Fernand Braudel, *La Méditerranée*···, *op. cit.*, 2 éd., Paris, 1966, t. I, p. 33-4.
9. *Ibid.*, t. II, p. 139.

이 충돌은 비계 요리와 오일 요리의 전투로 충분히 형상화되며, 이제 유대인들의 추방은 모든 문명을 이루는 흡수와 퇴출 운동 속에서 자신들의 요리가 토착화되는 것에 의해 상쇄된다. 어떤 문명에 고유한 "나눠 갖기의" 필연성은 궁극적으로 지질학적 압력의 모델에 따라 이해된다. "기독교 에스파냐가 완성되는 중이며, 이것의 육중함이 밀고 나가는 빙하는 만나는 나무와 집을 무너뜨린다."[10] 빠른 속도로 진행되는 역사가 보여주는 고상함의 핵심에 있는 이러한 지질학적 할당의 난폭함은 문제가 되는 내기를 가시화해 준다. 이 대목의 명시적인 프로젝트 이면에는, 에스파냐 왕국에 가해진 반유대주의라는 너무 안이한 비난을 진정시키려 하는 이 프로젝트 이면에는 역사의 지형에서 종교 전쟁의 불규칙성들을 일소하려는 관심이 있다. 세계-경제들의 역사가는 그 자신이 예전에 악순환(인구통계적인 압력은 유대인의 추방을 설명하고, 유대인의 추방은 이러한 압력을 입증했던 악순환)의 정점에 있는 "수의 비중"에 걸었던 것처럼, 지질학적 결정론의 본래적인 것과 비유적인 것에 판돈을 재지 않고 건다.[11] 하지만 말하는 존재들의 사회에 참화를 일으키는 글쓰기의 전쟁을 해명하기 위해 주의 깊은 망탈리테 역사가가 작동시켜야만 하는 것은 궁극적인 분석에 있어서 언제나 자리의 특성 이론이다.

예컨대 아리에주 고지대에서 1318년에 전개된 특이한 신학

---

10. *Ibid.*, p. 154.
11. *Ibid.*, 1 éd., p. 357.

논쟁이 있다.

"나[파미에 출신의 베르트랑 코르디에]는 그해 퀴에 본당 구역에 있는 다리 건너편에서 타라스콩 사람 네 명을 보았다. 그 가운데 아르노 드 사비냥이 있었다. 그들은 내게 물었다.

— 파미에에 새 소식이 없나요?

나는 이렇게 대답했다.

— 적그리스도가 태어났다고 하더군요. 그러니 각자는 자기 영혼을 잘 추슬러야 할 겁니다. 세계 종말이 임박했다고요!

아르노 드 사비냥은 이의를 제기했다.

— 나는 그걸 믿지 않아요! 세상은 시작도 끝도 없어요. 가서 잠이나 잡시다."[12]

보기드문 말하기의 사건. 성경에의 불충을 응징하려는 재판정 앞에 한 증인이 나와 1318년에 파미에에서 새 소식으로 회자되었던 것을 과거 시제로 이야기한다. 적그리스도의 임박한 도래, 그리고 타라스콩의 석공이 그날 자러 가기 전에 이것을 반박했던 것. 이 말하기의 사건을 어떻게 해명할 것인가? 세계의 영원함을 건성으로 확인하는 이 석공의 엉뚱함을 어떻게 해명할 것인가? 역사가의 반응은 아주 단순하게 이 건성의 성향을 따르는 것이요, 말하기의 모든 과도함을 그것의 자연스러운 자리로 그리고 그것의 목소리에 형체를 부여하는 자리로 귀착시키는 친숙함의 성향을 따르는 것이다. 타라스콩의 석공의 이단

---

12. Emmanuel Le Roy Ladurie, *Montaillou, village occitan*, Gallimard, 1975, p. 524-5[『몽타이유』, 길, 2006, 575-6쪽].

은 신학적인 명민함이 아니라, 저 사건을 믿는 흥분한 도시들
의 천년왕국설에 대한 산골의 회의주의의 표현일 뿐이다. 그
스스로 신학적인 대담함을 뒷받침하기 위하여 자기 고향의 장
난기 어린 속담을 인용하지 않는가? "사내란 딴 놈의 계집과
자는 법이지." 세계의 영원함은 신학의 사안이 아니다. 그것은
간통의 영속성과 마찬가지로 민중의 지혜라는 양식 위에서 확
인된다. 그것은 사바르테스 산골에서 회자되는 것에 속한다.
그것은 도시의 가변적인 관념들과 엄격한 교리들로부터 멀리
떨어져 살고 있는 산골 사람들의 자생적인 비전을 표현한다.
"고풍스러움의 선봉에 있던 사바르테스에서는 가톨릭적 감수
성의 새로운(게다가 일탈적인) 흐름들이 별 영향을 주지 못한 것
으로 밝혀진다."[13] 자연의 이치상 산은 하늘에 가깝고, 산의 하
늘은 도시와 교리의 하늘보다 더 오래되었으며 더 젊다. 이 회
의주의와 카타리즘의 성공 사이에 모순은 없다. 사바르테스의
산골 사람들을 회의적으로 만든 근거와 몽타이유에서 카타르
신앙이 번성한 근거는 동일하다. 다른 세계를 자기 세계와 비
슷한 것으로밖에는 달리 상상하지 못하는 것이 바로 농민 신앙
이며, 이 신앙은 신학자들의 천국이라든가 부활의 미묘한 점들
을 거부하고, 농민의 집*domus*처럼 지어지고 집*ostal*의 열기로 활
성화되는 천국을 선호한다. 몽타이유 주민들이 자신들에게 정
화된 종교 계율의 엄격한 준수를 부과하고 위령안수의 날까지

---

13. *Ibid.*, p. 526[577쪽].

지속될 관용주의적 생활 방식을 조장한 이 순수한 이들의 교리의 신봉자가 된 것은 바로 자신들의 땅에서 나오는 실용적인 감각 덕이다. 이제 이단은 의미와 자리의 정밀한 합치에 따라 사유된다. 그것은 분리된 어느 땅의 정체성이다. 자생적으로 이교도적인 농민 세계의 정체성(이교도를 뜻하는 파가누스*paganus*는 주지하듯 농민을 뜻하기도 한다), 미슐레의 마녀처럼, 화덕과 땅과 비옥함의 오래되었으나 영원히 젊은 신성함들에 충실한 농민 세계의 정체성. 도시의 교리가 산골 세계에 관심을 갖는 그날까지도 도시의 교리에 관심이 없는 산골 세계의 분리.

사실 역사적 현실성이라고 명명되는 것 안에서, 정통과 비정통의 거리를 둔 대면이 취하는 형식은 물론 이단 재판과 이단의 무자비한 대면이었다. 촌락 사회에 대한 생생한 묘사 위로 노란 십자가의 그늘이 드리운다. 위령안수의 유리함에 대한 장난스러운 설명에서 역사가의 민속지학적 감각은 언제나 한결같은 농민의 실용적 감각과 현재 시제로 공명하지만, 이 설명은 죽음에 대한 인사의 엄숙함 속에서 경직된다. "혹자는 몽타이유가 고전적인 문제의 해결책, 즉 '이마에 땀 한 방울 흘리지 않고 천국에 이르는 방법'을 찾아냈다고 말하고 싶을 것이다. 그러나 몽타이유는 노란 십자가 표지 착용 형을 선고받으면서까지 이러한 방향으로 선택함으로써 이단 탄압이라는 무거운 대가를 치렀다(그 희생자들은 이 대가를 용기 있게 감당했다). 그런 만큼 이 문제를 농담조로 제기하는 것은 그들에게 무례를 범하는 것이 될 것이다."[14]

"혹자는 …하고 싶을 것이다.""…무례를 범하는 것이 될 것
이다." 여기서도 역시 암시적 간과법은 단순히 수사학의 사안
은 아니다. 암시적 간과법이 실행하는 것, 그것은 말하기의 두
상태 사이의, 글쓰기가 말하는 존재를 장악하는 두 가지 사이
의 단락이다. 이단 재판관의 자료가 민속지학과 촌락 사회학의
방법론으로 무장한 역사가의 총명함에 넘겨주는 어떤 것이 있
다. 사회적 관계망과 이것을 감지할 수 있는 부식토를, 언어와
땅에 동시에 깃드는 방식을, 말들의 풍미를, 자리의 목소리를
재구성할 수 있게 해주는 증언들이 바로 그것이다. 그리고 이
자료가 말하지 않는 어떤 것, 그냥 있는 것에 만족하는 어떤 것
이 있다. 성경에서 일탈하여 촌락 풍습의 평안과 이 풍습 해석
의 평안을 동시에 깨트린 대가로서의 죽음인 이단 재판이라는
사건이 바로 그것이다. 물론 역사가는 이 말해진 것과 말해지
지 않은 것의 관계를 나름의 방식으로 측정한다. 에마뉘엘 르
르와 라뒤리는 몽타이유의 "살과 뼈로 된" 농민들의 삶을 재구
성할 수 있는 예외적인 자료를 활용하는 "행운"을 그에게 준 것
은 바로 그 마을 사람들의 "불행"임을 알고 있다.[15] 따라서 그는
이단 재판관에 의해 마을 사람들에게 "주어진" 이 말하기에 대
해 말해질 수 있는 것과 없는 것도 알고 있다. 그리고 그는 카타
르파 마을 사람들의 "쉽게 천국 가기"에 대한 장난스러운 해석
이 죽음을 가지고 터무니없는 농을 거는 것으로 보일 때 이 해

14. *Ibid.*, p. 541[592쪽].
15. *Ibid.*, p. 9[32쪽].

석을 유예한다. 하지만 이러한 유예의 기능을 잘 이해해야 한
다. 공손함의 조항일 뿐이라고 생각할 수도 있을 것이다. 실제
로 망자들이 환영받자마자 그 설명은 동일한 논리와 동일하게
쾌활한 톤의 흐름을 다시 이어간다. ("사바르테스 마을 사람들의
매혹적이고 느슨한 오래된 생활방식을 지킬 수도 있을 것이다."[16]) 지
나는 길에 망자들을 환영하는 것만이 중요한 것은 아니다. 미
슐레적인 관점에서, 중요한 것은 그들을 묘지로 다시 이끄는
것, 그들을 산 사람들과 분리하는 것이다. 요컨대 몽타이유 농
민들을 소생시키기 위해서, 죽음이 엄습한 이단들을 매장하는
것이 중요하다.

그 해석의 유예는 이단 재판이 가져온 죽음의 운명으로부터
촌락 사회학을 떼어낸다. 이 마을의 흔한 탈선적 삶과 이단 재
판의 죽음 사이에서 확실해지는 저 이접 안에, 단지 사라질 뿐
인, 장 바깥으로 떨어지는 무엇인가가 있다. 사유 불능의 이단
자체가 바로 그것이다. 역사가가 이단 재판을 인식하지 않으려
한다고 말하는 것은 잘못일 것이다. 그가 인식하지 않으려는
것, 그것은 바로 이단이다. 말씀으로부터 일탈한, 말씀에 의해
일탈한 그런 삶이 곧 이단이다. 이단에 대해 환원적인 해석을
한다고 역사가를 탓해봐야 헛일일 것이다. 정확히, 그의 의도
는 이단을 해석하는 것이 아니고, "알비파 신학에 대한 완벽한
진술을 제공하는 것"도 아니며, "이 신학이 어떻게 사회적인

16. *Ibid.*, p. 541[593쪽].

말하기의 자리 **135**

것의 두께 안에서, 촌락의 핵심에서, 살을 얻게 되었는가를 차제에 시사하는 것"이다.[17] 그의 대상은 이단이 아니라, 이단에 자리를 부여하는 마을이다. 하지만 이단에 자리를 부여하는 것, 이것은 이단다운 이단을 제거하는 것이며, 이단에 영토성을 부여하면서 이단을 매장하는 것이다. 이단 재판관은 이단의 뿌리를 뽑는 걸로 이단을 제거한다. 그는 이단을 찍어서 투옥하고 죽인다. 반면에 역사가는 이단을 뿌리내리게 해서 제거한다. 말하자면, 그는 회고적으로 이단 재판관의 기소에서 이단을 빼내지만, 이것은 이단에 땅과 바위의 색을 입히고, 이단의 자리와 이단을 구별할 수 없게 만드는 데 불과한 것이다.

망탈리테의 역사와 이단의 근본적 관계는 이제 명확해진다. 망탈리테를 연구하는 역사가는 이단을 자기 영토의 특수한 권역으로 만나지 않는다. 그는 이단을 그와 같은 영토의 가능 조건과 불가능 조건의 동일성으로 만난다. 이단이 필요했던 것은 이단이어야 할 이유가 없는 어떤 것, 가령 16세기 아리에주 촌락의 삶 같은 것이 씌어지기 위해서였다. 이러한 삶이 망탈리테의 역사의 현재 안에서 다시 서술되기 위해서는 이단이 사라져야 한다. 자리 없는 말하기의 생산인, 죽어야 할 운명인 이단이 존재하는 한, 망탈리테의 역사에서 채택될 소재가 존재한다. 이단이 부재하는 한, 즉 어떤 자리의 삶의 표현이 아닌 말하기가 부재하는 한, 땅의 재현이 아닌 하늘이 부재하는 한, 망탈리

---

17. *Ibid.*, p. 344[392-3쪽].

테의 역사가 존재한다. 가능 조건과 불가능 조건의 동일성은 망자들을 묘지로 다시 끌고 가는 작업에 의해 긍정적으로 기능한다. 1318년의 아리에주 마을이 1790년 7월의 도피네 마을처럼 말하게 되려면, 역사가가 이런 말하기의 "동시대인"이 되고 과거에 대한 민속지학자가 되려면, 그러한 작업이 항상 재개되어야만 한다. 역사 이야기-담론의 운명은 두 사건에 대한 해석에, 말하는 존재가 죽음과 맺는 두 가지 극단적 관계에 대한 해석, 즉 시역과 이단 재판에 대한 해석에 달려 있다. 시역, 그것은 구제될 수 없는 죽음이고, 그 어떤 벙어리의 소리도 들리지 않으며 오직 수다쟁이들의 소리만 들리는, 목소리들의 소란 속에서 무너진 정당성이다. 구제되지 않는 이 죽음은 말들에 관한 군주적-경험주의적 원한을 역사가의 계약 단절이라는 "수정주의적" 극단에 고정시킨다. 반대로 이단 재판에 의한 죽음은 구제될 수 있는 죽음이고, 이것은 역사의 벙어리들과 침묵들을 말하게 한다. 바로 이것이 마녀에 대한 "정신분석"이 공화주의적 역사의 창설에, 왕이라는 메두사의 머리에서 해방된 역사의 창설에 필수적인 우회인 까닭이다.

오이디푸스인 역사가는 죽은 영혼들에게 생명의 피를 되돌려주길 원하기에, "시체애호자"이기를 멈출 수 없다. 과학주의적 나침반을 고장 내는 역사가 여전히 역사로 남아 있으면서도 과학의 위엄에 근접하는 것은 바로 망자들에 대한 이 정신분석에 의해서이다. 진정된 죽음은 역사에게 과거에 대한 민속지학이 될 수 있는 지형을 제공한다. 하지만 또한 망자들을 계속 다시 데려가는 작업이야말로 역사가 자신의 승리 속에서 사라져 버리는 것을, 또 과거에 대한 민속지학이거나 사회학에 불과한 것으로 되는 것을 막아준다. 역사에 고유한 차이, 이것은 죽음 이며, 말하는 존재에게만 있는 고유성들과 결부된 죽음의 힘이 고, 이 힘이 모든 실증적 지식 안으로 끌어들이는 혼란이다. 역 사가는 죽음의 선을 지우는 것을, 하지만 또한 이 선을 새롭게 다시 긋는 것을 멈출 수 없다. 역사는 죽음이냐 지식이냐의 이 왕복운동 안에서 자신만의 삶을 갖는다. 역사는 자신의 불가능 조건에 내기를 거는 한에서만, 이 조건을 부단히 가능 조건으 로 전화시키는 한에서만, 그러면서도 점잖지만 몹시 은밀하게 불가능함의 자국을 다시 표시하는 한에서만 본연의 역사인, 그 런 특이한 과학이다.

책의 공간

물질생활의 공간-시간에 대한 **지리-역사**와 망탈리테에 대한 **민속-역사**는 어떤 동일한 본질적 긴장 주변에서 다듬어진다. 거기서 말하기의 사건은 영토화되면서 사라지는 경향을 갖는다. 역사가 스스로 사라지지 않으려면, 지워진 통합의 선을 다시 그어야만 할 정도로 말이다. 역사에 자신의 고유함을 되돌려주는 이 선을 긋는 것, 그것은 의미와 죽음의 선을 다시 표시하는 것이다. 역사성과 문학성의 선을. 이 선이 없으면 역사를 서술할 자리는 존재하지 않을 것이다. 살아 있는 자리와 죽음의 말하기 사이에서 벌어지는 의미의 내기들은 거부된 이단 주변에서 이렇게 전개된다. 뿐만 아니라 아마도, 보다 비밀스럽게, 땅과 바다의 내기들이 죽은 왕의 우화 주변에서 전개된다.

이 점을 이해하기 위해서 왕의 사건적인 죽음과 개념적인 퇴위에 대한 이 알레고리적인 이야기로 되돌아가보자. 의심할 바없이 이 퇴위의 의미를 더 잘 이해할 수 있다. 왕이 지닌 "역사의 힘"의 유산을, 그의 집무실을 채우고 있는 종이 인민에게서 빼버려야만 하는 이유와 방식에 대해 더 잘 이해할 수 있다. 미슐레적인 혁명의 방향에서, 이 수다쟁이 인민은 자신들에게 자리를 부여하는 대지의 다양함에서 비롯되는 인민 묘사로 대체된다. 더 이상 『프랑스사』 2권의 인민-민족이 아니라 인민-세계로. 영토의 외관상 상이함과 시간성의 편차 안에서, 카스티야의 마부와 아우구스부르크의 은행가와 아라비아와 코카서스의 유목민과 베네치아의 선주와 키프로스의 대농장주와 라구스의 선원과 마드리드의 갈리시아 물 상인 등이 조립하는 모자이크 같은 인민-세계. 하지만 종이 인민의 이러한 영토화는 왕의 죽음이 의미하는 이론적 사건의 의미작용 — 왕이 지닌 역사의 힘을, 역사의 중심과 조직자가 되는 그의 능력을 지중해라 불리는 새로운 주체에게 전위시키는 사건의 의미작용 — 을 전혀 고갈시키지 않는다. .

그럼 그 장의 마지막 문장을 다시 보자. "나는 우리가 지중해에 부여했던 내용이 그의 정신 안에 떠올랐다고 생각하지 않으며, 빛과 푸른 물이라는 우리의 인습적인 이미지가 그에게 떠올랐다고 생각하지도 않는다. 또한 그에게 지중해가 중대 문제들의 명확한 영역이나 명료하게 고안된 정책의 틀을 의미했다고 생각하지도 않는다. 진정한 지리학은 군주들의 교육의 일부를 이루지 않았다. 1598년 9월에 끝난 이 긴 임종이 지중해 세계의 역사에서 큰 사건이 아니라는 점에 관한 충분한 이유들. 또한 사건사와 구조의 역사, 심지어, 공간의 역사 사이의 거리

들을 다시 표시하는 데도 충분한 이유들 ….".[1]

진정한 지리학? 이것은 정확히 무엇인가? 그리고 이 진정한 지리학은 브로델 스스로 그토록 자주 즐겨 대조했던 빛과 푸른 물이라는 이미지들과 어떻게 조화를 이루는가? 책의 건축물을 다시 가로지르는 데 그치지 않고, 구조가 요청하는 것으로 보이는 주인 없는 왕관을 공간에 부여하는 것 같은 이 "심지어"는 무엇을 뜻하는가? 이 단락과 장을 끝내는 말줄임표는? 말줄임표는 이 책에서 예외적으로 여기에만 나오는 것이 아니다. 왕의 죽음 이야기의 각 단락에서 거듭 말줄임표가 반복되는 것과, 이 말줄임표에 의한 유예가 책의 마지막까지 다다른다는 것은 책의 전반에 걸쳐 말줄임표가 하는 서사적이고 이론적인 역할을 특이하게 극화한다. 늘 우연적인 목적지를 향해 떠나는 선원의 출항을 흉내 내는 운동의 역할. 결론을 향해가는 논리를, 그럴듯한 일반화를 겨냥하는 사례를, 도출할 수 있는 교훈들을 향한 일화를, 입증의 문제적인 자리를 향하는 추론을, 요컨대 질문들의 공간을 향하는 확실한 지점을 흉내 내는 운동. "희열을 느끼며 길을 잃게 되는" 이러한 추구의 운동을 흉내 냄으로써 이 구절이 리듬을 부여하는 것은 공간 개념의 문제적인 구사, 즉 공간의 내적 차이인데, 이 차이는 복수의 지중해들을 중첩시키고 뒤엎히게 한다.

이러한 다수성은 브로델 자신이 지중해 공간을 구성하는 복

---

1. Fernand Braudel, *La Méditerranée*…, *op. cit.*, p. 1087.

수성(지중해라는 이름으로 통합된 복합적인 바다들을 나타내는 지리학적인 복수성)을 강조하면서 정의하는 다수성과는 다르다. 지리학자들의 지중해와 역사가들의 지중해와의 차이. 역사가들은 지중해에 의해 만들어지는 것만큼이나 지중해를 만들어간 인간 활동이 구성되고 확산된 모든 길들을 따라간다. 이 시간성들의 복수성은 부동의 바다를 전통적 활동들이 펼쳐지는 상선들의 항해 공간이나 대규모 해전들의 장과 분리하거나 혼합한다. 여기서 질문은 이러한 다수성을 향하지 않는다. 질문은 이 다수성에 의미를 부여하는 통일성의 유형을 향한다. 실제로 확대되는 것은 이러한 통일성 자체이며, 바다 개념을 바다의 체험적 경험에 통합하거나 바다의 경험성을 바다의 은유적인 기능에 통합하는 여러 방식을 출현시키는 것도 바로 이러한 통일성 자체이다. 구조와 공간 사이의 관계를, 왕을 승계하는 일이 일어나는 바로 그 관계를 상이하게 형상화하는 여러 상징적 공간을, 공간 개념 자체에 차별적인 의미와 힘을 부여하는 여러 상징적 공간을 출현시키는 것 역시 이러한 통일성 자체이다.

왕의 시선에 부재하는 이 바다를, 그렇기 때문에 왕에 뒤이어 역사의 힘이 되도록 호출된 이 바다를 어떻게 사유할 것인가? "[…] 빛과 푸른 물이라는 우리의 인습적인 이미지." 하지만 브로델이 우리에게 생각하라고 부단히 권하는 것은 확실히 내륙의 바다이다. 액체의 평원으로, 분리된 연안들로 이루어진 바다. 이곳에서 교역은 해안에 집중되며, 선원들과 어부들이 드물다는 점과 배를 만드는 데 적당한 나무의 "태부족"이 교역에

각인된다.[2] 지중해의 가까운 발원지로서 아마 지중해를 만들어
냈을 산악 지대와[3] 연장된 먼 곳들(아프리카의 사막들, 중앙아시아
의 대초원, 플랑드르의 평야들, 발트해와 북해로 흘러가는 강들) 사이
로 계속 숨는 지중해. 그리고 의심의 여지 없이 이러한 숨기는
역사가의 의도에 부합하는데, 이것은 물결의 흐름과 지식의 요
동을 고전적으로 동일시하는 메타포 안에서 이미 감지된다.
"시간의 요동치는 물결을 가로질러, 요동치는 물결에도 불구하
고"[4] 받침점들을, 견고한 땅을 찾으면 안 되는 것인가? 마찬가
지로 바다의 유동적인 외관에서 벗어나 지중해 공간의 기능적
통일성을 정의하는, 땅의 거대한 규칙성들로 선회하면 안 되는
것인가? 지중해를 역사의 주체로 삼는 내재성의 원칙인 지중
해의 통일은 활동들이 체계와 망을 이루는 통일성이다. 하지만
이 내해에 개성을 부여하는 망을 어떻게 사유할 것인가? 역사
의 바다가 단순한 자연이 아니라 인간들이 만드는 바다라면,
인간이 빚어내는 지중해의 통일성을 어떤 통합적 힘과 지배적
활동에서 출발하여 사유할 것인가?

　대답은 자명해 보인다. 하나의 공간을 통일하는 활동, 이것
은 그 공간의 분리된 부분들을 연결하는 활동으로, 요컨대 교
환이다. 이러한 통일성을 조직하는 중심지는 이 교환을 조직하
는 자리들인 도시 공간들이다. 이렇듯 『지중해』 초판에서는

2. *Ibid.*, p. 300.
3. *Ibid.*, 2 éd., t. I, p. 46.
4. *Ibid.*, 1 éd., p. 246.

"바다의 역사에서 도시가 점한 강박적인 위상"이 강조된다. "모든 것이 도시로 귀착되며, 도시의 현존과 힘은 모든 것에 표식을 남긴다. 본질적으로 이동의 공간인 바다에서 도시가 명령한다. 지중해에서 진정한 중심은 도시이며, 그렇게 유지된다."[5] 이러한 논증의 논리에 설득당한 독자는 이것을 즉각 예증하는 도시들이 일화 또는 문학적 준거에 따라 바야돌리드와 비첸짜와 비테르보라는 점에 놀란다. 딱히 해안도시라 할 수 없는 이 도시들의 선택은 바다와 도시 사이의 특권적인 관계가 보다 근본적인 주장 — 지중해의 통일성, 이것은 상품 유통 세계의 통일성이라는 주장 — 의 은유라는 점을 시사하는 데 충분할 것이다.

그러나 이런 주장이 그 책의 2판에서 단호하게 비판된다는 점을 우리는 알고 있다. 도시가 지녔다고 가정된 우월함은 이제 빛나는 영예, 사건의 순간적인 폭발과 비슷하게 너무 성급한 관찰자들을 눈부신 빛으로 현혹하는 영예의 반열에 올라선다. 현혹된 이런 비전에 어떤 증거가 대립된다. "16세기의 지중해는 무엇보다도 농민들과 소작인들과 토지소유자들의 세계이다.[…] 수확과 채집이 가장 큰 사안이고, 나머지는 상부구조로, 축적의 성과요, 도시들을 향한 지나친 선회의 성과이다."[6] 지중해에서 활동의 핵심은 교환의 활발한 운동이 아니라 농민 세계의 관행이다. 그것의 근본적 리듬은 경제적 동력을 지닌 생산

---

5. *Ibid.*, p. 292.
6. *Ibid.*, 2 éd., t. II, p. 517.

구조의 리듬이 아니라, 부동의 반복적인 공간의 리듬이다. 하지만 이러한 공간들을 하나의 공간으로 만드는 통일성을 어떻게 사유할 것인가? 이 병렬된 부동성들로부터 출발하여 어떻게 운동을 사유할 것인가? 브로델은 논지를 뒤집는다. 분명히 "새로운 경제사는 삶이 무한히 직면하는 이 운동들과 부동성들로부터 출발하여 구성될 것이다."[7] 하지만 이 답변은 우리를 문제의 핵심에 놓는다. 이 "새로움"이 영속성과 부동성의 세계와 맺는 특권적 유대를, 거대 역사의 모험에 저항하는 힘들과 새로운 역사가 맺는 특권적 유대를 어떻게 이해할 것인가?

지중해의 통일성에 대한 질문은 다음과 같이 제기될 수 있다. 역사의 리듬들과 역사의 이해 가능성의 조건들 사이의 관계를 어떻게 사유할 것인가? 여러 수준으로 역사를 나누는 것은 속도의 증대와 연관 체계들의 복잡화라는, 차이화의 두 가지 큰 기준에 따라 이루어진다. 그런데 이 기준들은 어떻게 이해 가능성의 기준들로 번역되는가? 인간들 사이의 교환이 빠르게 합리화되는 것과 역사가의 담론에 고유한 합리성 사이에 어떤 관계가 있는가? 면밀하게 보면, 이 질문에 대한 반응의 모호함이 특이하다. "새로운 경제사는" 역사의 수준을 셋으로 나누는 도식 둘을 소통시켜야만 하는데, 이 두 도식은 정확하게 대립하는 두 가지 "역사의 의미"와 관련된다.

첫 번째 도식은 가장 단순한 활동에서 가장 복잡한 활동 체계

7. *Ibid.*, p. 518.

로, 가장 느린 것에서 가장 빠른 것으로 나아가는 발전과 진보
의 도식이다. 이것이 『물질문명과 자본주의』에서 설명하고 있
는 그 도식이다. 맨 아래, 반복의 세계가, "먼 옛날부터 내려오
는 해법들"의 세계가, 거의 변하지 않는 가능성들의 원환에 닫
혀 있는 세계가 있다. 그 다음에 패자들의 시간이, 가능성의 협
소한 한계들을 극복하기 위해 일어날 능력이 물질적으로도 지
적으로도 없는 "별로 명석하지 않은 사람들"의 시간이 있다.
그 위에 있는 것이 교환들의 "활발하고 수다스러운" 시간이며,
여기서 구성되는 것이 제3의 시간인 승자들의 시간이요, 세계
적 차원에서 시장과 역사를 창출하는 자본주의의 시간이다.[8]
가장 후진적인 것에서 가장 선진적인 것으로, 가장 느린 것에
서 가장 빠른 것으로, 가장 단순하고 가장 둔한 것에서 가장 복
잡하고 가장 합리적인 것으로 나아가는 운동, 이것은 근대성의
자생적인 목적론에 부합된다. 또한 이것은 인간의 해부를 "원
숭이 해부의 관건"이라고 보는 과학적 합리성의 모델을 정의한
다. 이는 마르크스주의적인 주장들의 합리성 모델일 뿐만 아니
라 아날학파의 혁명의 직접적인 고무자들의 합리성이기도 하
다. 이 모델은 돌바흐의 사회학이나 시미앙의 경제사를 특징짓
는다. 사회과학의 이러한 합리성은 사망한 왕의 정당성에 대한
특정한 계승을 제안한다. 지중해를 사유할 능력이 없는 군주
대신에 땅과 바다를 누비는 거대한 세계적 교환의 지배자들.

---

8. Fernand Braudel, *Civilisation matérielle et capitalisme, op. cit.*, p. 9-12[『물
질문명과 자본주의 I-1』, 11-9쪽].

연대기 작가 대신에 이 새로운 지배와 동시대적인 사회과학자들, 즉 동시대 사회와 시장의 복합적인 합리성에 대한 연구를 통해 활동과 관계의 덜 발달한 형식들을 이해하는 학자들. 왕처럼 군림하는 경제학자와 현인처럼 지혜로운 사회학자의 이 정복하는 합리성이 새로운 역사 프로젝트에서 갖는 중요성을 우리는 알고 있다. 하지만 이러한 사회과학의 합리성 논리를 극단화하면, 역사는 잔여 현상들을 설명하는 부차적 역할로 귀결될 것이라는 점 또한 우리는 알고 있다.

사회과학이 부르는 세이렌의 노래는 역사가 저항하지 않을 수 없었던 유혹이다. 그 유혹에 넘어가면 예종이거나 죽음이므로. 이러한 양자택일로부터 출발해서 또 다른 거대한 삼분 도식 또는 "역사의 의미"를 이해해야 한다. 이것은 지중해를 역사의 주체로 정의하는 것을 주재하며, 글쓰기로 이루어진 지중해를 주재한다. 다시 우리에게 앞의 두 단계가 제시된다. 반복적인 활동의 긴 시간이 있고, 그 위에 이런 활동에 자리를 부여하며 이런 활동과 더불어 변형되는 (정치적·사회적·문화적) 구조와 상품 경제의 시간이 있다. 하지만 세 번째 단계에서 속도와 합리성의 증대 사이의 관계가 반전된다. 가장 빠른 속도를 갖는 바다, 이것은 전투와 사건의 바다이며, "짧은 섬광처럼 역사를 관통하는" 사건은 바히아 궁전의 밤을 환하게 비추던 빛으로 태어나자마자 자신들이 미망 속에서 환하게 비췄던 밤으로 다시 떨어진다.[9] 이제 역사의 글쓰기 질서 안에서, 가장 느린 것에서 가장 빠른 것으로 가는 길은 사라져버린 이해 가능성의 길이다. 길은 가장 단순한 것에서 가장 복잡한 것으로 이어지는 것이 아니라 가장 심층적인 것에서 가장 표층적인 것으로 이어진다.

역사적 합리성의 전투는 이중 전선에서 중단 없이 이어진다. 사건의 짧은 섬광과 왕이나 대사 또는 빈민의 수다에 맞선 투쟁이 한쪽에 있고, 다른 한쪽에는 경제 법칙과 사회과학의 정복하는 합리성에 맞선 투쟁이 있다. 사실 발달하는 교환과 합리화되는 사회의 "활발한 시간"은 또한 "수다스러운 시간"이고, 지나치게 말하는 시간이며, 이 시간 안에서 이어지는 전투들 밑에 "엄청난" 무게와 "겨우 감지할 수 있는" 소리를 지닌 물질생활의 현실을 감추고 있는 시간이다. 따라서 "위계를 전도"시켜야 한다. 즉, 위계를 관통하는 의미작용을 전도시켜야 한다. 요컨대 "무대의 전면에 우선적으로" 상업적 팽창의 패배자들, 즉 "역사의 활발하고 수다스러운 시간 바깥에 놓인 자들이라 하더라도 이 대중들 자신을 배치해야" 하는 것이다.[10] 자본가들과 학자들이 자신들의 시대에 대해 하는 해명들 역시 기만적이다. 대사들이나 연대기 작가들이나 팸플릿 작가들의 수다와 마찬가지로, 그들의 해명도 미망 속에서 "명료하고 투명한" 현실에 결부되어 있는 것이다. 세계 시간의 **경제적** 척도는 길들여진 척도이다. 따라서 이것은 시간의 지질학에서 자신의 의미를 받아야만 한다. 그런데 이 지질학에서는 합리성의 경로

---

9. *La Méditerranée*⋯, *op. cit.*, 2 éd., t. II, p. 223.

10. *Civilisation matérielle et capitalisme, op. cit.*, p. 12[19쪽].

의 의미가 전도된다. 여기서는 가장 원초적인 것이 설명의 원칙 또는 의미의 모체이다. 역사의 활발하고 수다스러운 시간은 거대한 영속성의 공간화된 시간, 거의 움직이지 않는 이 시간에 확실하게 실려야만 이해 가능한 것이 된다. 승리자들이 역사를 만드는 양 우쭐대지만, 정작 역사 고유의 이해 가능성을 제공하는 비역사적인 초석을 놓는 것은 "패배자들"이다. 자신의 의고주의 안에 고정되어 있는 지중해의 거의 움직이지 않는 시간, 이 긴 시간은 속도의 견지에서 다른 시간들과 겨루지 않는다. 오히려 이것은 역사성의 시간이며, 역사가 존재하는 것이 가능하도록 하는 시간 기입의 표면이다.

역사의 의미가 형성되는 것은 이러한 역사의 시간, 이러한 일차적인 지리의 시간에 의해서이다. 역사적 시간의 지리화만이, 사건과 왕의 연대기에 맞서 벌어지는 장기지속과 집단 현상의 전투가 경제학자와 사회학자의 군림으로 귀결되는 것을 막아준다. 다시 한 번 더, 땅이나 환경의 인과성은 중요한 것이 아니다. 역사성의 공간은 무엇보다도 상징적 공간이며, 의미의 생산자로서의 시간이 기입되는 표면이다. 모든 자연적 결정론을 압도하는 상징적 기능의 이러한 과도함이 공간에 대한 브로델의 통념에 그만의 독특함을 부여한다. 이 독특함은 특히 지중해 세계의 **물리적 통일성**에 바쳐진 장들에서 확연하다. 이러한 물리적 통일성의 결정은 아시아의 사막들 또는 한자동맹의 항구들로 퍼져 있던 이 지중해가, 엄밀하게 부를 때의 지중해인, 내해로 다시 집중되도록 강제한다는 점을 우리는 알고 있

다. 내해가 통일성을 획득하는 것은 유통 공간으로서 또는 유
사한 윤곽과 길을 갖고 있는 세계의 중심으로서가 아니다. 내
해의 중심에서 군림하는 기후, 바로 이 동일한 기후에 의해 통
일성을 획득한다. 바로 여기서 지중해는 이러한 내재성을 획득
하는 것이며, 속도에서 지중해를 따라잡았던 근대의 대서양에
결여되었던 것이 바로 이 내재성이다. "대서양에도 역시 인간
이 만드는 통일성이 있으며, 게다가 그 통일성은 현 세계에서
가장 강력하다. 또한 대서양 역시 하나의 만남이며 합금이다.
하지만 이 복합적인 대양에는 이러한 단색의 핵심이, 바다의
이쪽 끝과 저쪽 끝이 다 올리브나무인 지중해의 중심에서 반짝
이는 이 동일한 빛의 세계가 결여되어 있다."[11]

　단색의 핵심, 동일한 빛의 세계… 모든 경험적 묘사와 과학적
규정을 초과하는 이런 표현들의 과도함을 어찌 느끼지 못하겠
는가? 게다가 후속되는 분석과 예증은 공연히 북해의 회색 색
조에 이 지중해의 단색을 물들이려 애쓴다. "1869년 10월에 프
로망탱Fromentin은 배로 메시나 항을 떠나며 다음과 같이 적고
있다. 흐린 하늘, 차가운 바람, 폭우, 천막 위로 떨어지는 빗방
울. 이런 슬픔을 발트해라고들 말한다."[12] 이미지가 내해의 빛
을 회색으로 변색시키는 것과 동일하게, 설명은 기후의 동일성
을 외부 힘들의 갈등의 결과로 제시한다. 사하라 사막과 대서
양이라는 외부 힘들. 하나는 부르타뉴 해안을 건조함으로 타격

11. *La Méditerranée*…, *op. cit.*, 1 éd., p. 195.
12. *Ibid.*, p. 196-7.

할 정도로 북쪽과 서쪽을 향해 펼쳐진다. 다른 하나는 비를 뿌려 사하라를 물리치고, 지중해가 "눈 덮인 거대한 평야"[13]를 닮을 정도로 지중해를 물로 흔든다. 모체 이미지(단색의 핵심)의 경직과, 지중해를 묘사하고 설명하면서 강조하는 지중해의 상이함 및 내적 차이에는 체계적인 간격이 있는 것으로 보인다. 다시 말해, "기후의" 통일성은 보다 근본적인 상징적 통일성, 즉 내해를 어떤 역사의 주체로 만들 수 있는 통일성에 대한 은유인 것 같다. 단색의 핵심 또는 동일한 빛이 저 모든 지리적 설명에 앞서서 지중해의 역사성을, 왕권이라는 지는 태양을 승계한 "역사의 힘"을 말해 주고 있다. 이와 마찬가지로, 다른 곳에서 거론된 "창조적 공백"[14]은, 지리학적 접근으로 자유로운 경제 교환을 다룬 저 모든 결과에 앞서서, 왕권의 공백 안에 기입되며, 역사화의 역량을 보유한 표징적 형상으로 왕의 죽음을 묘사한다.

모체 이미지는 지중해의 기후적 통일성 이상을 정의한다. 이 이미지가 정의하는 것은 "태양"이요, 지중해를 왕을 대신하는 역사의 주체로 삼는 승계 조건들이다. 이것이 정의하는 것은 이러한 이행에 고유한 정당성 형식인데, 이 형식은 기후적 통일성의 사안이 아니라 상징적 공간의 통일성의 사안이며, 이 상징적 공간은 지중해의 형체 위에서 담론의 형상들과 감각의 형상들을 접합한다. 왕을 승계하는 지중해는 왕처럼 이중의 형

---

13. *Ibid.*, p. 197.
14. *Ibid.*, p. 1089.

체를 가져야만 한다. 숨겨진 지식의 형체와 감각할 수 있는 증거의 형체. 왕을 승계한 지중해는 인지의 공간과 재인지의 공간의 동일성이다. 역사 과학은 우리를 사건의 기만적인 섬광 또는 너무 자명한 교환의 현실로부터 이것들이 감추고 있는 잘 지각되지 않는 현실들로 데려간다. 예전에는 왕에게, 오늘날에는 경제학자에게 지각되지 않는 이 현실들은 지중해라는 동일한 공간에서 공존하는 상이한 시간들을 주유하는 나그네에 의해 그 현실들의 동일성 안에서 지각된다. "인간 박물관들, 즉 예전의 인간이자 여전히 늘 오늘의 인간이기도 한 인간들을 모아놓은 박물관들을 주유하는 나그네에 의해."[15] 바스코다가마가 빌렸던 것과 비슷한 이 아랍 돛단배들은 1897년에도 여전하며, 지하 벽에 그려져 있던 가로돛배들은 나일 강에서 여전히 항행 중이다. "가장 소란스럽고 가장 장관인 침략들조차 그 심층을 범할 수 없는 동일한 인간들." 연대기의 낡은 미망과, 정복하는 과학과 자본의 새로운 미망이 양자의 한도 안으로 환원된다면, 바로 이런 가능성에 의해 1930년의 여행자는 돈키호테가, 반델로의 작품 속 인물들이 또는 마테오 알레만의 작품 속 인물들이 거쳐 간 경로들을 재발견하게 되는 것이다. 올리브나무보다도 더 지중해에 통일성을 부여하는 것, 이것은 동일한 장소에서, 오랫동안 묘사되어 왔던 그대로의 그 장소에서 이 나무를 재발견할 가능성이다. 지중해는 재인지의 바다요, 글쓰

---

15. *Ibid.*, p. 298.

기의 흔적들과 유사하다고 제시된 물질적 흔적들을 다시 통과
하는 여행의 바다이다.

지중해의 통일성은 귀환 여행의 통일성이다. 아카이브의 자
료와, 지리학자의 기록과, 예전의 이야기꾼의 이야기 또는 오
늘날의 여행자의 인상을 부단히 오가는 가운데 우리는 특정한
모델에 매혹을 느낀다. 책의 흔적들로의 여행, 씌어졌던 것의
정확한 자리들을 다시 찾는 여행이라는 모델.『지중해 세계』의
초판에는 브로델이 빅토르 베라르Victor Bérard의 독특한 기획에
매력을 느끼는 것이 뚜렷하게 나온다. 그의 기획은 자신의 이
론 — 호메로스의 시는 사실 지리학 책이라는 이론. 호메로스
의 묘사와 비슷한, 칼립소와 알키누스 또는 로토파고스인들의
땅을 재발견할 수 있다는 이론 — 을 입증하기 위해 율리시스
의 흔적들을 향해 떠나는 것이다. 사진 같은 **미메시스**는 이러한
재인지를 환각으로 몰아간다는 것을, 우리에게 키클로페스의
동굴과 페르세포네 숲의 버드나무와 키르케의 돼지들과 알키
누스의 포도밭을 보게 함으로써 그렇게 몰아간다는 것을 우리
는 알고 있다. 그런데 브로델은 이 환각적인 탐험에 대해 그 과
도함을 비난하는 것이 아니라 그 모자람을 탓한다. "빅토르 베
라르는 한 생을 다 바쳐『오디세이』의 정경들을 찾아다녔다.
열정적인 조사. 하지만 오늘의 인간에게서 재발견해야 할 것은
저 고대 서사시의 인간 그 자체가 아닐까? 율리시스의 경이로
운 여행들의 유동적인 배경만이 아니라 율리시스 그 자신을?"[16]
율리시스 그 **자신을**… 2판에서는 「지리역사와 결정론」이라는

제하의 1부에 나오는 이런 결론 전체와 더불어 빅토르 베라르에 대한 참조가 사라질 것이다. 하지만 책의 결론은 여전히 우리를, 새로운 여행자들의 뒤를 따라, 전과 다름없는 이 율리시스의 바다로 데려갈 것이다. "나는 아우디시오Audisio나 더럴Durrell과 마찬가지로 고대 그 자체가 오늘날의 지중해 해안에서 재발견된다고 생각한다. 로도스 섬과 키프로스에서, 담배 연기 자욱한 선술집 드라곤에 앉아 카드놀이를 하고 있는 어부들을 관찰해 보라. 그러면 진짜 율리시스가 어떠했는지를 대강 알 수 있을 것이다."[17] 가짜 율리시스가 아닌, 종이 위의 율리시스가 아닌, 살과 뼈로 이루어진 진짜 율리시스를 만날 수 있다는 것이다. 거짓말쟁이 시모니드의 시에서 진짜 다나에를 추출하듯, 그렇게 호메로스의 허구에서 진짜 율리시스를 추출할 수 있을 것이다. 선원들과, 상인들과, 은행가들의 지중해에 진정한 통일성의 원칙을 제공하는 단색의 핵심인, 이 역사의 지중해는 다나에와 아들을 안전하게 인도했던 것과 동일한 그 글쓰기의 바다이며, **뮈토스**와 **로고스**의 동일성을 확증함으로써 의미를 수용하고 통과시키는 자리이다. 사회적 시간들의 학문적 **지질학**과 이 시간들의 가시화된 지리학 사이의 일치는 물질적 공간과 글쓰기 공간 사이의 일치에 의해 가능하다.

왕을 승계하는 것, 계보학과 연대기와 예언의 수다스러운 시간을 물질문명의 기입 공간으로 교체하는 것, 이런 것은 물질

---

16. *Ibid.*, p. 299.
17. *Ibid.*, 2 éd., t. II, p. 516.

공간과 담론 공간의 중첩을 확증하는 이 최초의 "신화론" 덕분
에 가능해진다. 지중해가 하나인 것은 기후나 교환이나 전투에
의해서가 아니다. 이것들의 총합이나 착종에 의한 것은 더욱
아니다. 지중해가 그간 씌어져 왔던 것과 같은 그런 것이었기 때
문에 지중해는 하나이다. 이러한 '그와 같음'이야말로 역사의
사건을 구제나 교체 없이 무너뜨렸던 저 도발적인 수정주의자
들의 '그와 같지 않음'에 대응하면서 역사의 주체를 살아 있게
하는 것이다. 지중해를 새로운 역사 주체로 출렁거리게 만드는
단색의 핵심은 글쓰기의 핵심이다. 왕이 지닌 역사의 힘이 바
다로 이전되기 위해서는 어떤 역사성 또는 일차적인 "지리"가
네 자리를 일치시켜야만 한다. 지리적인 속박의 세계로서의 지
중해 공간, 교환의 세계, 죽은 왕의 텅 빈 장소, 모든 공간 서사
의 기원적인 자리인 『오디세이』(글로 씌어진 바다에 대한, 회귀의
지점에까지 텍스트에 의해 관통되는 바다에 대한, 역사가라는 이름이
태어나기도 전에 글쓰기의 영토가 된 그런 바다에 대한 책. 하지만 또한
전적으로 공간에 관해, 전적으로 만들어진 공간에 관해, 그 어떤 이단도
그 어떤 종교전쟁도 성경을 위하거나 성경에 의한 그 어떤 죽음도 일어
날 수 없는 그런 공간에 관해 씌어진 책). 승자의 상업적인 대서양에
결여되어 있는 것은 기후적 통일성이라기보다는 오히려 이러
한 '거기 있는 동일성'이다. 지중해를 폐위하고 세계 지배에
나섰던 교환의 대양이 지중해가 지녔던 "역사의 힘"을 물려받
지 못했다면, 이는 먼저 그 대양을 돌았던 글쓰기가 없었기 때
문이다. 뒤늦게 온 그 바다의 작가들이 아프리카의 암흑의 핵

심을 향해, 케이프혼의 끝을 향해, 태평양의 매혹적인 섬들을 향해 그 대양이 흘러가도록 전념했더라도 말이다. 대서양의 서사시『모비 딕』은 하나의 안티서사시이다. 세이렌들의 바다 대신에, 홀리고 삼키는 리바이어던의 대양. 아찔함의 순결한 중심에서 성경의 저주받은 아이인 고아 이스마엘만 존속시키며 다시 닫히는 바다.

"세비야의 대서양은 과거 없는 공간이다"라고『세비야와 대서양』의 해석 부분 서두에서 피에르 쇼뉘는 주장한다.[18] 대서양은, 역시 결정적인 방식으로, 자신의 공간과 여행의 시간의 일치를 써왔던 서사시epos가 없다. 그것을 역사의 대상으로 존재하게 만든 책은,『오디세이』대신에, 배들의 카탈로그이다. 호메로스의 카탈로그가 보여주는 기억술의 환상과 대조해 보면, 세비야의 교역사무소 등록부libros de registros de la Casa de la Contratacion 가 새로운 역사 과학의 모범 소재를 쉽게 대표할 수 있다는 것은 사실이다. 모든 문학의 공백 위에서, 과학은 자신의 처녀 공간을, 대서양의 "통계적 해석" 공간을 세울 수 있다. 이 공간에서는 측정할 수 없는 그 어떤 것도 나타나지 않는다. 하지만 문제는 되돌아온다. 이 모범적 과학은 역사로서 서술될 수 있는가? 150년 동안 신세계 세비야의 각 항구에 들어간 배의 운행과 톤수를 통계적 해석에 통합했던 도표와 계열과 그래픽으로 이루어진 6권의 마지막에 가서, 질문이 제기된다. 사천 페이지

---

18. Pierre Chaunu, *Séville et l'Atlantique*, Armand Colin, 1959, t. VIII, 1, p. 8.

에 이르는 분량 안에서 이 통계적 대서양의 역사는 어떻게 서술되는가? 가장 자연스러운 것은 이중 창조의 논리를 따르는 데 있을 것이다. 즉, 상업 공간의 창조와 이 공간의 통계적 재현의 창조. "모든 것이 콩종튀르conjoncture인 이 대서양에서는, 말하자면 어떤 것도 먼저 주어진 것이 아니기 때문에, 대서양이 출현하는 순간에, 시간의 선 위에서 대서양이 형체를 취하는 그 순간에, 각각의 제도와, 각각의 영토와, 항해하고 개발하고 교환하는 각각의 양식이 처음에 기입되는 것이 아니라 배치된다. 이제 최초의 대서양의 진리가 완벽하게 표현될 것이다. 애초에 과거가 없었던 어떤 공간의 과거가 구성됨에 따라, 당초에는 존재하지 않았지만 점점 더 무거워지는 그런 구조들을 묶는 지배적인 콩종튀르로 이해되는 대서양."[19] 이 "역설적인" 해법을, 다시 말해 비학문적인 비전의 기대 지평에 상반되는 이 해법을 역사가는 아주 단순한 이유 때문에 포기해야만 했다. 이 해법을 수긍한다는 것, 그것은 "이해될 수 없는 처지에 빠져들고 마는 것"이었기에.[20] "교육"에 대한 질문 너머에서, 언표되는 것은 근원적인 이접이다. 요컨대 역사의 대상과 과학적 해석을 구성하는 **로고스**를 따른다는 것은 이해될 수 있는 역사책을 쓰는 것을 금지한다. 따라서 역사가는 "좀 더 지혜로운" 해법을 선택한다. 콩종튀르의 시간에 접근하기 전에 구조(공간의 질서)를 먼저 설명하는 것이 그 해법이다. 하지만 문제

19. *Ibid.*, p. 11-2.
20. *Ibid.*, p. 12.

가 되고 있는 구조들은 실은 전혀 구조화할 수 없는 것들이며
(틀림없이 단 한 권도 그렇게 하지 못할 것이다), 그 어떤 글쓰기를
앞설 수 없으며, 대서양 공간의 **로고스**를 그 어떤 **뮈토스**에 겹
칠 수도 없다. 대서양 공간은 역사성 없는 공간으로 남게 된다.
과학의 이해 가능성과 이야기의 이해 가능성이 서로 중첩될 수
있는 자리가 없다. **로고스**와 **뮈토스**는 서로 분리된 채로 남으
며. 책은 미완으로 남는다. 책들의 집성은 도래할 어떤 책을 위
한 자료들의 집성이 되는 것이 그 운명이다. 하지만 대서양은
과학적 미래의 열린 작업장이다. "우리가 희열 속에서 몰입하
게 되고," [새로운 역사의] "역사 서술faire de l'histoire"과 역사 서술
하기écrire l'histoire 사이의 차이가 무한히 투사되는 대서양. 책의
오디세이 대신에 추구의 오디세이. 어떤 의미에서는 "진짜 율
리시스"에 더 충실한 것. 사실 책에서 집으로 돌아가는 율리시
스는, 그에 앞서, 바다를 모르는 사람들의 나라에 도착할 때까
지 티레시아스의 목소리에 이끌려 방황할 운명에 처해 있었다.

이단적 역사?

망탈리테의 역사와 공간의 역사 사이는 역사가의 이해 가능성이라는 고리로 연결된다. 과도한 말하기와, 삶을 베는 말들과, 글쓰기의 전쟁들이 존재하기 때문에 역사 — 역사의 경험과 소재 — 가 존재한다. 이미 씌어진 것의 흔적들로 되돌아감으로써 이러한 전쟁들을 진정시키고 이러한 상처들을 아물게 하는 글쓰기가 존재하기 때문에 역사 과학이 존재한다. 이단과 그에 대한 제재가 존재하기 때문에 망탈리테의 역사가 존재한다. 성경에 그어진 삶의 선을, 말하기의 질서가 형체들의 질서에 바쳐지는 접합을 터무니없는 횡단선으로 깨트려 찍히고 처벌당한 형체들이 존재하기 때문에 망탈리테의 역사가 존재한다. 말씀과 그 아버지 및 화신化身과의 "참된" 관계를, 아담과 그의 살과의 관계를, 부활한 자들의 형체와 천사들의 형체의 관계 등등을 부인해 찍히고 처벌당한 형체들이 존재하기 때문에 망탈리테의 역사가 존재한다. 이단적인 분리는 말씀의 살로

의 "좋은" 소속을, 형체의 말하기에의 "좋은" 소속을 해체한
다. 이 분리는 방황하는 말하기에, 말해졌던 것과 "비슷하지 않
은" 말하기에 삶을 부여한다. 이 치명적인 모험은 망탈리테의
역사에 소재를 제공하며, 반면에 이 역사는 이단을 구제한다.
이단적인 말하기에 망탈리테의 역사는 다른 목소리, 즉 자리의
목소리를 제공한다. 또한 내재성의 형체와 이교도의 형체를 제
공한다. 망탈리테의 역사는 이렇게 근원적인 방식으로 종교 전
쟁을, 성경의 전쟁을 규제한다. 이 역사는 이단자들을, 성경의
"위조자들을" 이교도로 변모시킨다. 그리하여 이교도는, 자신
의 말하기가 자신의 존재양식의 표현에 불과하기에, 언제나 참
을 말하는 자이다. 망탈리테의 역사는 화신의 미묘함 없이, 하
늘에서 땅으로의 위험한 여행 없이, 말들에게 또 다른 살을 제
공한다.

하지만 이단을 망탈리테로 변형시키는 이러한 평화로운 규
제가 가능하기 위해서는 이러한 이교도의 살이, 말하기가 뿌리
내린 땅의 이 살 자체가 말들로 빚어져야만 한다. 생명의 책인
성경에서 어긋난 말하기에 형체를 주는 땅은 그 자체가 또 다
른 생명의 책의 말하기에 의해, 생명의 책에 대한 또 다른 관념
의 말하기에 의해 '이미-씌어진pré-écrite' 땅이다. 역사의 낭만
주의적 혁명은 또 다른 이 생명의 책을 일차적인 표현성의 책
으로 간주되는, 사물들의 호흡에 내재하는 의미의 책으로 간주
되는 서사시 안에서 발견했다. 미슐레의 시대는 오디세이를 향
토의 노래로 재창안하며, 빅토르 베라르는 오디세이의 흔적들

을 지중해 주변에서 재발견하니, 지중해의 '이미-씌어진' 표층이 공간의 새로운 역사에 제공된다.

영토화된 말하기와 씌어진 땅의 이러한 연결고리는 창설적인데, 그렇지만 역사 과학에 연구의 도구와 방법을 제시하기 때문에 그런 것은 확실히 아니다. 연결고리가 역사 과학에 제시하는 바는 그 이하인 동시에 그 이상이다. 실제로 저 도구와 방법의 산물이 역사라는 형식을 취하기 위한 조건들을 정의하며, 그 어떤 계산과 그 어떤 추론의 엄밀함도 보장하지 못하는 바를 역사 과학에 제시하는 것이다. 요컨대 역사 과학의 언표들을 위한 진리 체제를 제시하는 것이다. 이제 역사는, 원칙적으로 말하기의 혼란에 연결되는 이 역사는, 경험 구축의 규칙 및 과학적 대상 양자의 내재적 증거로 진리의 아포리아들을 대체한 실증주의적 수단을 영원히 잃어버린다. 과학을 향한 역사 고유의 접근은 진실의 위상을 필연적으로 거쳐간다. 다른 사회 과학들은 보다 편하게 과학이 된다. 이 사회과학들이 시뮬라크라의 한계에서도 과학의 실효성을 구축하는 것은 잘 만들어진 인식과 "무시할 수 없는" 현실의 작용이 진리에 대한 질문을 소거하는 방식으로 이루어진다. 하지만 역사는 말하기에 진리 체제를 부여하는 시학적 우회에 의해서만 비로소 역사로 남으면서도 과학이 될 수 있다. 역사가 자처하는 진리는 이교도적인 화신의 진리요, 말들의 참된 형체 — 방황하는 말하기를 대체하는 그 형체 — 의 진리이다. 역사는 명시적인 철학적 테제의 형식이 아니라 이야기의 텍스트적인 짜임 그 자체 안에서 진리를 드러낸다. 요컨대 해석의 양식들 안에서, 또한 문장들의 분할과, 동사의 시제와 인칭과, 본래적인 것과 비유적인 것의 작용들 안에서 진리를 드러낸다.

사실 역사를 구속하는 "철학"은, 과학의 대상과 방법에 관한 성찰의 존중할 만한 (다시 말하면 부인의) 형식 아래가 아니라면, 역사가 그 어떤 대가를 치르더라도 듣고 싶어 하지 않는 그런 것이다. 플라톤 이후 철학의 사유 여정은 로고스들*logoi*로 간주되는, 진실의 모방 또는 예시로 간주되는 어떤 이야기들 — 또는 뮈토스들*muthoi* — 의 진리성에 거는 내기이다. 역사가의 사유 과정은 뮈토스와 로고스의 그와 같은 동일성을 기대해야 한다. 하지만 그 사유 과정은 또한 이야기되는 지식의 연쇄 안에서 이 동일성을 부단히 지워야만 하며, 자료*corpus*와 방법과 도구에 관한 담론을 중시하면서 이 동일성을 부인해야만 한다. 역사가 과학이 되는 방식이, 역사가 원하는 그 방식은 아니라는 점을 부단히 잊어야만 한다.

이단의 신화론적인 규제와 과학주의적인 부인은 새로운 역사의 불가능한 시작 앞에서 이 역사를 사로잡았던 다음과 같은 혼란과 관련되어 있다. 폐지된 군주적 정당성과 공백에서 태어나는 말하기의 민주적 무질서 말이다. 새로운 역사가 왕정과 농민과 가톨릭의 장기지속의 시간들에서 자신의 영토를 선택했다면, 이는 어떤 부동의 인민의 시간들과 자리들에 대한 민속학적인 향수 탓이 아니다. 실은 새로운 역사의 담론의 이해 가능성을 정립하는 의미 작업들에 어울리는 것은 오직 이러한 시간들과 자리들뿐이기 때문이다. 오직 이러한 지형 위에서만 목소리와 형체의 교환이 자신의 엄밀함을 연대기의 수다에 대립시킬 수 있으며, 왕들이 지닌 역사의 힘이 공간의 서사시로 옮겨갈 수 있고, 기독교 이단의 잃어버린 목소리가 해석을 거쳐 이교도 형체를 찾을 수 있다. 왕의 형체와 성스러운 말하기와 시학적인 뮤즈를 주재하는 동일성들에 의해 구조화된 상징 세계 안에서, 대중의 시대의 학문적인 역사는 자체 지표들을 찾으려 해야 한다. 나중에 등장한 것들인 민주주의 혁명과 근대적 계급투쟁, 노동자의 전설과 운동을 다루는 역사는 저 학문적인 역사의 장 바깥으로 떨어진다. 대중의 시대에 고유한, 대중의 역사는 왕들의 시간에 대해 말함으로써 비로소 자신의 몫을 찾는다. 외관상 역설에 의해, 근대 대중의 역사는 낡은 유형의 연대기 작가들과 성인전 작가들의 상속자들에게로 기꺼이 넘어간 것 같다. "매우 이상하게도, 노동자의 역사는 지난 사반세기 동안 프랑스 학파가 쇄신한 전망들에서 대체로 낯선 것으로 남아 있다"고 어느 전공자는 쓰고 있다.[1] 이러한 낯섦을 어떻게 생각해야 하나? 확실히 방법과 도구의 문제는 아니다. 사실 군주정의 장기지속의 역사가들이나 근대 사회운동의 역사가들이나 모두 유사하게 시미앙과 라부루스의 경제학적이고 통계학적인 학문을 훈련받았다. 더욱이 후자의 역사가들은 전자들에 비해 이미 부분적으로 구성된 통계 계열과 자료들의 이

---

1. Yves Lequin, *Les Ouvriers de la région lyonnaise dans la seconde moitié* du XIX siècle(1848-1914), Presses universitaires de Lyon, 1977, p. v.

점을 누린다. 근대의 사회적이고 혁명적인 운동들의 역사가 우리의 현실과 너무 가까워서 연루와 원한을 불러일으키기 때문에 충분한 과학적 대상이 될 수 없다고 볼 일은 더더욱 아니다. 이러한 역사의 결핍을 야기하는 것은 말의 혼란을 규제하는 고유의 글쓰기 형식과 해석 양식이다.

그와 같은 결핍은 분명히 우연이 아니다. 그것은 대상의 본성에서 기인한다. 근대의 민주적이고 사회적인 운동의 본성은 망탈리테의 역사 고유의 해석과 글쓰기 작업들에 주제를 제공하는 상징 질서를 해체한다는 점에 있다. 민주주의 시대의 역사 과학은 자기 시대의 역사에 대한 과학일 수 없다. 사실 이단의 목소리들이 영토화 되는 대지 자체가 이 시대 역사의 고유함에 의해 무너진다. 근대의 사회 운동에 자리를 부여하는 말하기의 과도함은 **구제**를 허락하지 않는다. 다만 그 과도함을 완벽하게 환원할 수 있을 따름이다. 요컨대 말하기의 모든 과도함을 견고한 결정들로 귀착시키는 데 필요한 것이 산업 변동, 경제 순환, 기술 변동, 도시와 공장에서의 사회생활 등에 의해 제공된다. "이데올로기" 비판의 다양한 변종들이 그런 작업을 쉬지 않고 해댄다. 과학은 확실히 그런 작업에서 이익을 보지만, 역사는 전혀 그렇지 않다. 사실 역사에 필요한 것은 과도함에 대한 시학적 규제이며, 목소리의 어떤 형체를 다른 형체로 대체하는 것으로, 요컨대 이단적 분리의 구제이기 때문이다. 그런데, 근대의 민주적이고 사회적인 운동의 기원에는 새로운 장르의 이단이 존재한다. 어떤 세속적인 이단, 처형의 빌미가 될 종교도 없으며 상징적 구제의 절차들 역시 없는 그런 이단.

이러한 이단을 수정주의 역사학은 나름의 방식으로 측정한다. 상징 질서의 붕괴와 그에 따른 결과에, 즉 민주적이고 사회적인 상상태가 다른 것을 대체하면서 무섭게 늘어나는 것에 이단을 동화시키는 것이다. 하지만 역사가 한계 지점에서 자신의 대상을 회피하게 되는 이러한 파국적 전망에 대립될 수 있는 보다 절제된 정식이 있다. 이에 따르면, 민주적이고 사회적인 이단의 선언은 담론의 질서와 형체의 질서 사이의 새로운 관계를 천명하면서 이루어진다. 톰슨E. P. Thompson이 영국 노동계급 "형성"의 시작 장면으로 꼽은, 겉보기에는 소박해 보이는 다음의 장면보다 이 점을 더 잘 예증하는 것은 없다. 1792년 1월에 런던의 한 선술집에 9명의 건실한 공장 노동자들이 모인다. 이성의 소유자인 모든 성인은 다른 모든 이들처럼 의원을 선출할 능력을 갖는다는 특유의 소신을 갖고. 이러한 이념의 확산을 위한 수단으로 이들이 채택한 것은 "교신협회"였다. 이 협회에서 채택했고 유사한 협회들이 모두 사용했던 정관 1조는 "우리 회원의 수에는 제한이 없다"[2]라는 것이었다.

여기에는 평범하지 않은 것이 전혀 없다. 그러나 이것이 선언하는 바는 바로 근대적 사회운동의 구성적 "분리"인 이단이다. 이 미증유의 말하기 주체의 구성 안에서 작동하고 있는 것은

---

2. Edward P. Thompson, *La Formation de la classe ouvrière anglaise*, trad. G. Dauvé, M. Golaszewski et M. N. Thibault, coll. "Hautes Etudes," Gallimard/Le Seuil, 1988, p. 21[『영국노동계급의 형성(상)』, 창작과비평사, 2000, 23쪽].

정치 질서의 상징적 지표들의 단절이다. 이 주체는 다음 세 명제의 연관 속에서 정의된다. 하나, 한 인간은 다른 인간과 마찬가지의 값어치를 갖는다. 즉, 말하는 존재의 질서는 모든 배제를 배제한다. 둘, 앞의 명제를 입증하는 데 헌신하는 정치적 주체는 무제한성이라는 표식을 지닌다. 그것은 배제에 대한 순수 부인이기에 수를 셀 수 없다. 셋, 이 정치적 주체화의 새로운 양식에 부응하는 말하기와 연계의 양식은 교신, 즉 소속도 예속도 없이 참석자와 부재자의 공동체를 수립하는 모든 타자에게 순수하게 말 걸기이다. 병합incorporation의 정치적 실천들과 사회과학의 객관화 양식들이 애써 피하려는 이러한 순수 단절 또는 순수 열림은 근대적 사회운동의 기원적 자리이다. 이러한 단절 또는 열림은 하나의 계급이 아니라 "모든 계급의 해소"인 어떤 계급의 것이다. 잘 알려진 청년 마르크스의 이 정식은, 그 자신에 의해 이 정식에 결부된 붕괴의 이미지에서 벗어나면서, 그 의미를 쇄신하는 것이 가능하다. 자신의 수의 무제한성을 순수하게 내세우면서 자신을 선언하는 계급은 자리 없는 말하기의 활동이나 계산할 수 없는 — 동일성이 부여될 수 없는 — 집단성의 활동과 동일시된다. 담론과 형체 사이의 조화를 확립했던 정당성 양식을 다시 가로지르고 이접시킴으로써 비로소 주체가 되는 그러한 주체가 정치의 장 안에 도래한 것이다.

민주적이고 사회적인 시대는 대중의 시대도, 개인의 시대도 아니다. 그것은 위험을 무릅쓰는 주체화의 시대이며, 이러한 주체화는 무제한성의 순수 열림에 의해 발생하고, 지정할 수

있는 위상들이 아니라 말하기 질서와 분류 질서의 특이한 접합
인 말하기 자리에서 구성된다. 노동자 "계급"의 무제한성이 투
사되는 말하기 자리들은 공장이나 내무반, 거리나 술집이 아니
라 텍스트들이며, 문장들이고, 이름들이다. 우선, 다른 때 같으
면 언어의 분리에 의해 침묵에 빠질 어떤 경험을 표명할 수 있
게 해주는 준거 텍스트들. 바로 인권 선언이나 구약 같은 텍스
트들. 다음, 구별되어서는 안 되었던 것과 분절되지 않는 소음
으로만 여겨졌던 것을 볼 수 있고 말로 표현할 수 있는 사물로
변모시키는 문장들의 배치. 이것은 전례 없는 주체들과, 새로
운 정당성들과, 저 주체들이 이 정당성들에 대해 주장할 수 있
게 하는 형식들을 공통의 공간으로 끌어올린다. 이어서, 지칭
의 일상 언어에서 떨어져 나온 말들. 예컨대 개인들의 집단을
지칭하는 것이 아니라 이름과 상태 사이의 관계의 전복 자체를
가리키는 계급들의 이름들. 바로 이와 같은 것이 그의 직업
profession을 묻고는 그의 대답에 분개한 판사 앞에서 블랑키가
주장한 프롤레타리아라는 이름이다. 그가 내세운 **프롤레타리
아**는 생업métier이라는 의미에서의 직업이 아니다. 그것은 아주
오래되었으면서도 전혀 새로운 의미에서의 직업으로, 계산되
지 않는 이들을 정확히 계산에 넣는 공동체에 속한다는 것의
선언이다. 계급이 아닌 계급의 이름은 행위의 이름과 연결되는
데, 이 행위의 이름은 그 어떤 프로토콜이나 규정된 입문(해방)
에도 상응하지 않는다. 이 이름은 물질적 자리와 상징적 자리
사이, 이름과 형체 사이, 조건과 지식 사이의 위태로운 간격 안

으로 말하기와 역사의 주체가 여행하도록 함으로써, 새로운 궤적의 무제한적인 공간을 조정한다.

민주적이고 사회적인 역사성에 고유한 이단은 이제 이중의 층위에서 사유되어야 한다. 그것은 우선 근대 사회 운동의 출현을 촉발하고 수반했던 일탈적인 종교와 비정통적인 지식의 증식 안에서 경험적으로 측정된다. 톰슨은 산업혁명, 노동 조건과 직업적 전통만으로는 영국에서 노동자 계급과 운동을 탄생시키기에 역부족이었다는 점을 잘 보여주었다. 이를 위해서는 그들의 경험이 글쓰기의 전쟁이라는 틀 안에서 이루어지는 것이 필요했다. 이 전쟁에서 새로운 인권 선언이 성경의 예언들과 『천로역정』의 명령들을 일치시키면서 종교적 저항의 에너지를 새롭게 동원하게 되었고, 그 에너지를 새로운 선들로 분할하게 되었다. 산업 또는 사랑의 새로운 종교, 교육 혁명과 독학 시도, 괴상한 어원학과 새로운 언어, 비정통적인 의학 지식과 실천, 민간 천문학, 과거와 미래의 저 먼 세계에 대한 사변, 이 모든 것들과의 교접 가운데 어떤 주체가 실존하도록 만드는 연결의 망 바깥에서 프랑스 노동 운동의 역사를 생각한다는 것 역시 불가능한 일이며, 적어도 불가능한 일이어야 할 것이다. 그런데 이러한 경험의 분산은 보다 본질적인 어떤 논리를 따른다. 노동자 주체가 이단적인 지식과 신앙의 괴상한 궤적들 안에서 포착된다는 것은, 아직 유년기에 있는 운동의 초기 정식화에 한 시대의 관념들이 영향을 미치는 것의 표식이 아니다. 그것은 민주주의 시대의 역사 주체들의 특이한 존재

양식을 현실화한다. 이 주체들은 군주의(이 군주의 형체와 말하기
는 위계적인 질서의 세계에 군림했다) 고유한 이름이 아니다. 또한
과학에 의해 일관된 속성들이 정의될 계급의 공통된 이름도 아
니다. 이 주체들은 자리도 없고 형체도 없는 함께-있음의, 고유
하지도 않고 공통되지도 않는, 특이한 이름들이다. 함께-있음
은 사이에-있음이다. 여러 자리와 여러 정체성 사이, 위상을 잡
는 여러 양식과 정체성을 획득하는 여러 양식 사이. 이러한 이
단 또는 근대적 방황은 전대미문의 고유함을 갖고 있다. 즉, 인
간과 시민의 권리들을 선언하면서 민주주의적 주체를 이 권리
들의 간격과 상호 충돌의 무한성 안에 설정함과 동시에 그 주
체의 역사를 종속의 확실성 바깥에, 접속의 불확실성 안에 놓
는 법칙적 원리와 동일시되는 것이 바로 저 근대적 이단이다.

   민주주의적 주체 "그 자체"의 이러한 원칙적 분열을 미슐레
주의적인 혁명은 타협의 형식으로만 규제할 수 있었다. 이 혁
명은 민주주의를 그 과거와 화해시켜서 그것의 분열을 봉합하
려고 생각했다. 이 혁명은 도래할 민주주의의 **명시적인** 폭력
을, 시역의 단절을 회피할 수단을 찾아냈다. 이 혁명은 혁명적
대치의 폭력 너머에서 의미의 논리를, 이중의 계보에 대한 사
유를 창안하여, 권리의 공화국을 그 모태인 땅에 다시 결부시
켰다. 말하기의 자리라는 논리는 과학적, 서사적, 정치적인 삼
중의 계약을 이어주었다. 미메시스의 수다스러운 목소리를 침
묵하는 의미의 이야기 안에 묶어두면서, 이 논리는 이중의 작
업을 실행했다. 근대 공화국을 그것의 역사와 영토 안에 착근

시켰던 것. 군주제와 이단 재판 시기의 역사에 대한 민주주의
적 해석을 대중과 장기지속의 역사라는 견지에서 개시했던 것.
이 논리는 주권자 인민의 정치 및 학문적 역사 모두에게 공유
할 수 있는 자리를 제공했다. 이것이 나름의 방식으로 프랑스라
는 주체의 논리였기에 그럴 수 있었던 것이다. 타협은 바로 이
프랑스라는 화신의 소산이었다. 이것은 민주주의적 주체성의
표류하는 고유함들을 자기 동일적인 주체의 속성들로 고정시
키는 화신이었다. 이런 면에서, 아날학파의 역사는 이러한 타
협의 주체적 · 정치적 조건들에 관한 한, 이들에게 와서 역사의
주체가 하나의 대상 또는 오히려 역사의 대상들을 위한 자리들
중 하나가 되었다는 점에서, 장기지속은 계통과 도래에서 떨어
져 나갔다는 점에서, 말하기의 자리의 논리는 민속–역사로 고
정되었다는 점에서, 해방 또는 망각(방해를 받으며 진행중인)의
역사이다. 이제 군주제와 이단 재판의 시기에 대한 민주주의적
해석은 망탈리테의 역사로 해방될 수 있었으며, 역사가는 자신
과 함께 과학의 장에 등록한 모든 노동자들과 형제일 뿐 그 누
구의 자식도 되지 않았다.

"새로운" 역사가 자신의 시대와 간격을 둔다는 외견상의 역
설은 이러한 망각의 대가라고 말할 수 있다. 시역의 폭력과 이
단적인 분리를 구제한다는 임무에 집중한 학문적 역사는 이러
한 구제의 의미와 조건들을 망각해 버렸다. 학문적 역사는 이
것들을 역사 담론의 과학적 격상에 동화시켰다. 이렇게 되어
학문적 역사는 저 계약을 쇄신하는 데 무능력하게 되었다. 공

간들과, 장기지속과, 망탈리테의 역사의 성공은 그 이면에서 왕의 죽음의 "또 다른 측면"을 사유하지 못하는 무능력을 강제했던 것이다. 왕의 죽음 이후 흩어진 상징 폭력을, 즉 민주주의적 주체화의 위험한 우연들 및 사회적 이단의 매듭들로 주권의 속성들이 확산된 것을 사유하지 못하는 무능력 말이다. 하지만 미슐레주의적인 계약 자체가 불안정한 타협이었다고, 민주주의적 단절을 주체 프랑스의 공화주의자-되기 안에 가두려는 필사적인 의지였다고 말할 수도 있다. 이 계약은 역사를 어떤 도래 이야기로, 어떤 전사(정의로운 공화국의 역사가 없다면 시간 속에서 없어질 것)의 역사로 간주했다. 공화주의 시대에 이 시대의 전사를 사유하고 서술할 수단들을 제공함과 동시에, 이 시대가 자신의 역사와 글쓰기 형식을 사유하는 것은 금지했던 것이다. 민주주의적 이단으로부터 공화주의 시기를 자유롭게 풀어주었던 것이다. 반면에 민주주의적 이단은 그 특성들이 발전하면서 이단의 과학적 구제의 시학적 정식들을 무한정 파탄시키는 데 기여했다.

민주적이고 노동자적인 시기의 사회사를 망탈리테의 역사의 주변에 놓는 난점이 사람들이 흔히 생각하는 곳에, 원인들의 전투에, 경제적 · 사회적 결정들의 건전한 유물론과 이데올로기적 원인들을 주장하는 것 사이의 대립에 있는 것은 아니다. 근대 사회 운동의 이단적 본성을 사유한다는 것이 "관념들"과 "의식"의 역할을 재활성화한다는 것은 아니다. 말하는 존재들의 삶을 규정하는 것은 노동의 비중과 노동에 대한 보수의 비중만큼이나 혹은 그 이상으로, 이름들의 비중과 이름들의 부재의 비중이며, 말해지고 씌어지고 읽히고 이해되는 말들의 비중 (다른 것만큼이나 물질적인 비중)이다. 따라서 문제는 올바른 인과질서를 따지는 데 있는 것이 아니다. 문제는 역사 담론을 그 대상에 연결하는 진리 체제에 관한 것이다. 민주적이고 사회적인 이단은 거듭 "새로운 종교"라고 고발되어 왔다. 하지만 이 "종교"는 다른 종교처럼 영토화되지 않으며, 개종되지도 않는다. 여기서 말들의 과도함을 제어하려면 이 말들의 언표작용에 결부된, 역사의 힘과 의미를 무화하는 위험을 무릅써야만 한다. 사실 민주적이고 노동자적인 시기의 사회사는 곧 다음과 같은 딜레마에 빠진다. 한편으로, 그것은 그 어떤 담론의 정당성이나 역사의 의미도 더 이상 조직하지 않는 고유한 이름들의 연대기로 환원된다. 어떤 전투 또는 어떤 투사의, 어떤 당의, 어떤 노조 또는 어떤 저널의 개별 연구로 말이다. 다른 한편으로, 그것은 이러한 표면의 개별성이나 선동의 토대를 해명하는 과학이 된다. 이 표면의 개별성이나 선동에 의해 국지적이고 일시적으로 표현되는 근저의 현실을 규정함으로써. 하지만 연대기의 고유한 이름들과 과학의 공통된 이름들 사이에, 역사 고유의 주제와 담론이 있다. 새삼 소거될 위험을 무릅쓰는 주제와 담론 말이다. 이 주제는 말하기의 사건이며, 말하는 존재들이 자신들의 말하기의 진리에 헌신할 때의 궤적이다. 이 담론은 이야기와 과학의 등가성 안에서 말하기의 사건을 재기입하는 것이다.

　종종 사회사가 저 딜레마에서 빠져 나오는 수단을 찾았노라고, 경제적·사회적 결정의 엄밀함과 선언이나 담론의 사건성 사이의 간극을 메울 수단을 찾았노라고 생각한 것은 사실이다. 민주적이고 사회적인 말하기의 과도함을 위한 자리를 사회사는 찾았다고 생각한다. **문화** 또는 **사회생활***sociabilités*이라 불리는 것이 바로 그것이다. 이러한 개념들은 말들의 과도함을 존재 양식이나 행위 방식을 표현하는 것으로 간주한다. 그러나 책, 대지, 묘지 따위로는 이 과도함을 영토화하거나 구제하지 못한다. 기껏해야 이 과도함의 거주지를 지정하는 것이 가능하다. "대중의 사회생활"이나 "노동자 문화"가 물질생활의 심층과 말하기의 사건 사이의 상상적인 간극을 메울 것이다. 이와 동시에, 민주주의적-공화주의적, 사회주의적, 노동자적… 함께-있음의 간극들, 즉 여러 자리와 여러 정체성 사이에 놓여 있는 간격들도 채워줄 것이다. 이 개념들은 스스로 설명하겠다고 자임한 바로 그것을 사라지게 만든다. 이에 대한 증거를 노동자의 말하기에 대한 설명에서 볼 수 있는데, 이것은 노동자의 말하기를 받아줄 대지와 바다가 없으니 그 말하기를 직업 문화에서 유래하는 것으로 설명하거나, 일률적으로 오만한 직업적 숙련 또는 괴로운 비숙련의 표현으로 간주한다. 말은, 현실주의자들이 뭐라고 말하든 간에, 사실보다 더 완고하다. 예컨대 **생업**이라는 말은 사회적 갈등 안에서 제시되고 논박되는 한에서, 마치 **직업**을 명예로운 선언 또는 수치스러운 **자백**에 결부시키듯이, 생업을 예속 또는 단편적인 **직무**에 결부시키는 유대를

말해 준다. **프롤레타리아**라는 이름에서 명백하게 드러나는 것
은 역사가들이나 사회학자들이 힘들여 "엄밀하게" 내린 정의
들이라기보다 오히려 그것의 라틴어 어원이다(단지 재생산만을
맡은 다중). 사람들이 생업의 명예와 퇴폐에 대해 뭐라고 논하든
지 간에, 기계공이 사회적 투사가 될 때, 그는 우선 철의 인간
이고, 식자공은 활자의 인간이며, 재봉사는 모양의 인간이다.
그런데, 제화공들이 곳곳에서 노동운동의 기치를 거의 최초로
내걸었다면, 이는 제화업의 성쇠와는 무관한 것이었으며, 이들
이 여러 세대에 걸쳐 성과 속의 글쓰기를 통해 가장 많이 거명
되고 거론되고 무엇보다도 저주 받았던 노동자들이었다는 사
실만이 유관하다.

　사회적 투사의 정체성은 어떤 집단 또는 하위집단의 "문화"
를 표현하는 것이 아니다. 이 정체성은 담론의 질서와 상태의
질서 사이의 관계의 어떤 상징적 형상을 긍정하거나 비난하는
말하기 활동을 감당하기 위한 이름의 창안이다. 예컨대, "우리
를 다른 이들과 같은 사람으로 결코 보지 않는 정부 하에서"[3]
근대적인 파업이 선포될 때, 타자의 말하기에 의해 확립된 배
제를 부인하는 것이 그런 정체성이다. "대지의 저주받은 자들"
을 향한 호소 또는 "우리는 모두 유태계 독일인이다"라는 주장
이 공적 공간에 울려 퍼지는 바로 그때, 배제된 자로 지목되는
그이와 동일시하는 것이 그런 정체성이다. 조직이 "여러분은

---

3. Grignon, *Réflexions d'un ouvrier tailleur*···, Paris, 1833, Alain Faure et
Jacques Rancière, *La Parole ouvrière*, UGE, 1976, p. 74에서 인용.

가슴에 매달린 자식을 위해 […] 인류의 적들과 싸우고 있습니다"[4]라고 자신의 임무를 설정할 때, 계산되지 않는 이들이 계산되는 공간과 시간을 여는 것이 그런 정체성이다. 부인하고, 동일시하고, 여는, 이 삼중의 정식에서 확인할 수 있는 것이 바로 사회적 주체의 이러한 선언에 담긴 본질적 특성이다. 이러한 선언은 **타자론**_hétérologie_, 즉 타자의 논리이다. 이것은 말과 사물 사이에서 입장을 취하는 것인데, 이러한 입장은 고유의 정체성을 갖는 의식意識 ― 심지어 혼돈스러운 의식일지라도 ― 을 추구한다면 생각할 수도 없는 것이며, 오직 어떤 타자의 관점에서만 언표될 수 있다. 요컨대 세 가지 형상들의 작용 안에서 말이다. 즉, 이름을 지닌 장소들을 지정하는 주인의 형상, 언어에서 차용되고 빠져나온 이름들로 짜인 새로운 정체성의 형상, 저주받은 자일 수도 있지만 또한 '말 못하는 유아_infans_'일 수도 있는, 여전히 말하지 못하는 배제된 자에게 있는 절대적 타자성의 형상. 문화 개념은, 사람들이 이것을 고전에 대한 이해를 뜻하는 것으로 보든 아니면 신발 만드는 일에 적용되는 것으로 보든 관계없이, 이러한 주체화 운동을 제거하는 일에만 유효하다. 이 주체화 운동은 여러 명명들 사이의 간격 안에서 작동하며, 또한 이 명명들의 구성적 불안정성 안에서 작동한다. 목소리의 자리에 형체의 부재, 형체의 자리에 목소리의 부재, 역사의 주체들이 통과하는 균열과 간격, 이런 것들이 바로 그 구성적 불

4. 런던교신협회가 순회대표들에게 내린 지침, E. P. Thompson, _op. cit._, p. 19[21쪽].

안정성이다. 문화 개념은 자리들과 정체성들의 간극에서만 존재하는 그것에 정체성을 부여하고 자리를 부여하는 것이다.

문화사는 사회적 투쟁의 이런저런 형상의 이유들을 우리에게 말해 주는 데 있어서 무능하다. 마치 저 "동시대의 사회학자"가 우리에게 프랑스 혁명에서 사회 계급들이 그리고 이 계급들의 관계들이 "진실로" 어떤 것이었는지를 말해 주는 데 있어서 무능한 것처럼 말이다. 진리는 보조자들의 사안이 아니다. 하물며 어떤 자매 학문 또는 보조 학문에 입각하여 역사가 자신의 질문을 자기 영역들 또는 하위 영역들로 여겨지는 것들의 일부에 전가한다는 것은 더욱더 있을 수 없는 일이다. 사회사와 문화사는 형제처럼 서로 도와가며 지낼 수 있는 역사 분야들이 아니다. 이것들은 단일한 질문에 대한 두 개의 이름이다. 어떤 역사성 ― 즉, 주체들 일반이 어떤 역사를 만들 가능성 ― 을 정의하는 의미의 절차들에 대한 질문, 주체들을 이야기 장르와 진리 형상 안에 기입하면서 역사성을 성찰하는 글쓰기 형식들에 대한 질문이 바로 그 질문이다. 우리의 역사 과학의 문제는 "자신의" 역사성, 즉 민주주의적 역사성과 맺고 있는 필연적이며 불행한 관계의 문제이다. 주권의 속성과 종속의 논리의 확산, 인간과 시민의 불확정적인 차이, 말하는 존재가 누구든 또는 말하기를 행하는 이들의 우발적인 집단이 어떤 것이든 어떤 방식으로든 역사의 주체가 될 수 있다는 가능성, 이 모든 것들이 바로 저 민주주의적 역사성이다. 낭만주의적인 공화주의적 역사 특유의 계통의 논리라든가, 의미의 영토화 절차

들 따위는 여기서 힘을 잃어버린다. 이제 역사가는 이야기와
진리를 동시에 취할 수 있는 가능성을 솔직하게, 쉽게 단념하
게 된다. 가능한 이야기 형상 전부에 대해 역사가는 다음과 같
은 딜레마를 떠올린다. 행운의 주인공들에 만족하는 이야기인
가, 아니면 그들의 특전을 일소하는 과학인가라는 딜레마. 꿈
처럼 이야기를 풀어가는 거대한 민중 서사시인가, 아니면 숫자
를 탈주술적으로 엄밀하게 다루거나 일상적이고 길들여진 진
정한 삶을 비길 데 없이 세밀하게 다루는 것인가라는 딜레마.
역사가는 자의든 타의든 회의의 논리 속으로 빠져든다. 민주적
이고 사회적인 역사성의 주체들과 사건들의 경우에는, 이것들
이 우리의 정서나 분노와 너무 가깝고 "이데올로기"에 오염되
다 보니 과학적 보증들 또는 과학주의적 구제가 보강되어야만
진리가 획득되리라는 회의 말이다. 물론 이러한 보강으로는 결
코 충분치 않다. 오히려 그것의 기만적인 작용이 "주체"에 관
한 거북함을 더 키우고, 이야기에 관한 회의를 되풀이한다. 이
회의가 정치적 엄밀함의 관점에서 학문적 불충분함을 비난하
는 회의로 반전된다 하더라도 말이다. 마르크스주의가 "자기"
시대의 역사에 대해 쓴 것이 별로 없다면, 마르크스주의 역사
과학 역시 자신의 전사前史의 역사 — 농업 위기, 상품[경제]의
출현과 군주제 시기의 망탈리테 — 에 관해 전문적이었다면,
이는 역사의 담론에 대한 정치적 회의가 역사의 주체에 대한
과학적 회의와 조응하는 그러한 순환 논리의 필연성에서 기인
하는 것이다. 바로 여기에 마르크스주의의 소멸 주장이 그 자

체만으로는 그 어떤 새로운 길도 열지 못하는 이유가 있다. 두 가지 형상의 회의가 접속되면서 민주적이고 노동자적인 시기의 역사는, 공화주의적인 낭만주의 혁명이 실행했고 망탈리테의 역사에 유익했던, 지식의 조건들에 대한 시학적 작업을 나름대로 성찰하는 것에서 일탈했다.

망탈리테의 역사의 존속 기반은 미슐레의 반-문학적인 문학적 노동이었다. 의미가 내재된 이야기라든가, 나름의 길을 통해 터무니없는 이단을 제거하는 이야기를 창안하는 노동. 이러한 창안 덕분에, 망탈리테의 역사는 삶의 위대한 두 책 — 육화된 말씀을 담은 기독교의 책과 씌어진 땅의 이교도적 책 — 위에서 이단의 잃어버린 목소리들과 가난한 삶의 무의미한 궤적들을 영토화할 수 있었다. 사회적이고 노동자적인 역사가 두세 번의 예외를 제외하면 스스로 상상을 금했던, 그러나 절실히 필요했던 사유 불능의 일탈, 이것은 바로 어떤 시학을 찾는 일이었다. 그리고 의심할 바 없이 그것을 찾으려면 문학 혁명 쪽으로 전향적으로 나아가는 것이 필요했다. 소설이 서사시에 작별을 고하는 그곳, 민주주의적 협력들의 병렬 구문이 군주제적인 종속 구문의 뒤를 잇는 그곳, 삶의 위대한 책들로부터의 이탈과 주체화의 언어들과 양식들의 다수성이 승인되는 그곳 말이다. 민중 서사시의 미망과 숫자들의 엄밀함 또는 일상의 세밀함 사이의 절망적인 딜레마에서 벗어나기 위해서는, 문학에서 창안된 새로운 논리들에 결부되어, 개인의 궤적과 숫자의 법칙을, 일상의 희미한 빛과 신성한 텍스트의 불꽃을 동시에 취하는 것이 필요했다. 예컨대, 민주주의 시기의 주체들과 이들의 내일을 향한 기다림과 유사한 침묵에서 빠져나오는 문구의 약속("그럼, 물론이지, 내일 날씨만 좋으면 말이야." 램지 부인은 말했다. "하지만 꼭두새벽에 일어나야 할 걸." 그녀는 덧붙였다.[5])에 대한 이야기를 "막간에entre les actes"[활동들 사이에서: 울프의 작품 *Between the Acts*를 차용한 표현] 태어나게 하는 것을 버지니아 울프에게서 배우는 것이 필요했다. 잘못 말한 이름(샤르보바리 Charbovari)의 난센스로부터 어떻게 훼손된 삶들의 역사가 나오는가를 플로베르에게서 보는 것이 필요했다. 조이스에게서 섬사람이자 도시인으로서 자기 아내에게 속고, 식민 도시에서 서성대며 다수의 언어에 의해 찢기고, 기독교적 삶의 책과 이교도적 삶의 책을 서로 충돌시키는 새 율리시스의 편력을 뒤쫓는 것이 필요했다. 클로드 시몽의 "바로크 장식화의 복원 시도"를 따라가는 것이 필요했다. 그의 시도에서는, 이야기를 축으로 하는 구문의 분출 — 완전히 파산한 의미를 수선하는 데 적합한 이 "임시변통의 시멘트" 또는 "끈끈한 베샤멜 소스" — 과, 탈구된 문구 안에서 시작도 없고 끝도 없는 자신의 증식을 재발견하는 삶의 독립을 주장하는 것, 이 두 가지가 반-지중해의 비전과 연결된다. 역사의 "시궁창" 또는 "하수관"으로 쓰이는 데 염증을 느끼는 대지-바다, 또는 글쓰기의 어머니로서의 반-지중해.[6]

---

5. Virginia Woolf, *La Promenade au phare*, Le Livre de poche, 1968, p. 15.[『등대로』, 솔, 1996, 9쪽: 『막간』, 솔, 2004].

의심할 바 없이 이러한 장르로의 외출은 민주적이고 노동자적인 시기의 역사가 자신의 주체를 파악하는 데, 이 주체의 유예된 진리를 정식화하기에 적합한 글쓰기 형식들을 창안하는 데 필수적이었다. 하지만, 지식의 규칙들의 확실성과 진리의 우발적 엄습 사이의 긴장에서 각각의 과학은 자신의 확실성에 반비례하여 내기를 거는 경향이 있다. 이른바 동시대적인 역사를 짓누르는 회의는 (오히려 역사를 너무 쉽게 몰아가서) 자기 시대에 걸맞은 역사성의 형상을 묘사하는 것을 추구하기보다는 과학성의 무기와 표식에 매달리게 했다. 확고한 과학 대 문학이라는 대립은 너무 자연스럽게 이러한 후퇴를 덕으로 변모시킨다. 근심을 덜려고 "문학"을 추방하여 피하려던 것은 이런 것이다. 요컨대 역사가 숫자와 도표의 언어만으로 환원되길 거부하면서 자신의 논증 운명을 일상 언어가 의미를 생산하고 유통시킬 때의 절차들의 운명과 연결하는 것을 수용했다는 것. 문헌 사료들과 그래프 곡선들이 어떤 의미를 만들어 내며, 그와 같은 의미는 언어와 언어 연쇄가 발휘하는 힘에 관한 어떤 선택을 항상 전제하리라는 점을 일상 언어로 논증하는 것. 논증의 효과를 낳는 말들의 조립에서, 그와 같은 선택을 하지 않는 조립이나, 이런 의미에서 "문학"을 행하지 않는 조립은 없다. 따라서 문제는 역사가가 문학을 행해야 하느냐 아니냐가 아니라, 어떤 문학을 해야 하느냐를 아는 데 있다. 실제 작업에서는, 사

6. Claude Simon, *Le Vent, tentative de restitution d'un retable baroque*, Editions de Minut, 1957, p. 137-8.

회학자처럼, 역사가도 통계적 결과들의 분석을 은밀하게 중단하고 이 분석에 살과 의미를 일거에 제공하는 작은 이야기(교사의 수첩, 유년기 회상, 시골 또는 파리 변두리 노동자들이 보던 소설)를 끼워 넣을 줄 안다. 그런데 부끄럼을 타는 이 시학은 자신이 한 작업, 즉 의미의 언어와 절차를 다른 것으로 대체한 것을 즉각 부인한다. 이 시학은 저 작은 이야기를 작은 창으로, 숫자들이 "자신들의" 어휘로 말하는 것과 통하는 어떤 시간으로 변모시킨다. 이 시학은 저 작은 이야기를 문학일 것 같지 않은 문학의, 언어와 사물의 거울상 재현을 위해 옛날 교과서에서 발췌된 것과 비슷한 그런 문학의 편린으로 여긴다. 이 시학이 의미를 영토화하는 미슐레주의적인 절차들을 여전히 모방하는 경우에도, 이는 어디까지나 남몰래 이루어진다. 이제는 이러한 방식으로 사유하는 것이 필요했던 시기가 아니라는 점을 꿰뚫어보면서, 또한 아울러 그렇게 사유하는 것을 대부분 단념하면서.

역사가 서술되는 시학적 형식이라는 문제는 사실상, 엄밀하게 말하면, 역사성의 양식이라는 문제와 연결된다. 그것에 따라 역사의 대상들이 사유 가능해지는 그런 역사성의 양식 말이다. 미슐레는 일정한 역사성을 위한, 프랑스라는 주체와 공화국이라는 형식의 계보학을 위한 어떤 시학을 창안했다. 그와 같은 창안을 두려워한 우리 시대의 역사는 자신이 대면한 역사성의 형식들 자체를 사유하기를 스스로 금지할 수 있을 뿐이다. 요컨대 민주적이고 사회적인 시기를 기다림의 시기이자 미

래라는 제국이 통치하는 시기로 구성했던, 감각할 수 있는 경
험의, 시간 지각의, 신앙과 지식의 관계들의, 가까운 것과 먼
것의 관계들의, 가능한 것과 불가능한 것의 관계들의 형식들을
사유하기를 금지하는 것이다. 이름과 익명의 경험, 고유한 것
과 공통의 것의 경험, 이미지와 동일화의 경험, 이 모든 것들의
형식들을 — 앞에서 말한 기다림의 방향이 공동체의 상상과 개
별성의 발견으로 향하도록 했던 그것들을 — 사유하기를 금지
하는 것이다. 시간이 급하게 흘러 미래가 개인적이고 집단적인
행위의 본질적인 차원이 되는 곳에서, 망탈리테의 역사가 시간
의 감성에 관심을 기울이는 것을 중단한다는 것은 확실히 기이
한 역설이다. 신앙이 정치적이고 사회적인 행위의 내재성 안으
로 들어서며, 현존과 비-현존의 관계들과 가시적인 것과 비-가
시적인 것의 관계들이 — 그 영토의 감각 가능한 지표들을 나
타내는 관계들이 — 전복되는 그런 경우에, 망탈리테의 역사가
신앙에 관심을 기울이는 것을 중단한다는 것은 기이한 역설이
다. 사람들이 역사를 서술한다고 믿었던 시기의 헛된 미망들을
[새로운 역사가] 역사를 서술하는 좋은 방식들과 대립시키는 이러
한 관심 중단은 사실 잘 규정된 어떤 한계로 귀결된다. 과학주
의적인 신앙의 긍정에 역사 자체가 희생되는 것이 그 한계이
다. 이러한 희생은 역사가 사회과학이나 정치과학 안으로 사라
지는 부드러운 형식을 취할 수 있다. 이것은 역사의 대상의 종
언을 선포하는 형식을 취할 수도 있다. "역사의 종언"은 이제
우리 시대의 의제로 공공연하게 제시된다. 이것은 흔히 어떤

역사성의 종언을, 즉 산업적이고 자유주의적인 근대성이 자신의 본성과 조화롭게 발전되도록, 나쁘거나 혹은 잘못된 두 세기 동안의 역사에서 벌어진 민주적이고 사회적인 이단이라는 틈이 다시 닫힌 것을 가리킨다. 또한 역사를 합리성의 형상으로 믿었던 것의 종언을 가리키기도 한다.

이러한 신앙의 종언은 두 가지 형상을 취할 수 있다. 하나는 더 학문적이고 지혜로운 과학들의 그늘 아래 역사를 벌하는 형상이다. 다른 하나는 끝없이 풍부한 교정의 노고로 시종하는 백과사전의 작업장[을 닮은] 형상이다. 동음이의의 위험으로부터 벗어난 역사이지만, 아마 기한이 되면 요약과 전달의 과제들로 축소될 그런 역사. 발터 벤야민은 역사 과학이 그 이론 자체에 의해 과거를 한없이 승자들에게 바친다고 비난한 바 있다. 확실히 현 정황은 그의 『역사철학테제』의 절망적인 어조를 야기했던 그런 정황에 비할 바 아니다. 하지만 오늘날 역사 없는 시대, 오직 "이긴 자들"만의 퍼포먼스[가 진행되는] 시대의 개막을 주창하는 저 추잡한 어리석음은 다음과 같은 양자택일을 뚜렷하게 제시한다. 하나는, 승자들의 사회에 그 전사에 대한 백과사전을 제공함으로써 역사 고유의 모험을 청산하는 위험을 무릅쓰고 "과학적" 인식을 견고히 하는 것에 몰두하는 역사. 다른 하나는, 볼 수 있으며 말로 표현할 수 있는 경험 형식들 ― 민주주의 시대의 특이성을 구성하며, 다른 시대들에 대해 다시 사유하는 것을 가능케 해주는 그것들 ― 을 이해할 수 있도록 하는 다수의 예견할 수 없는 교차 여정들의 조사에 관심을 기울이는 역사. 이 역사는 자신의 시간들의 얽힘 안에서, 숫자들과 이미지들의 조합 안에서, 말들과 표징들의 조합 안에서 자신을 이해 가능한 것이 되게끔 하는 글쓰기 형식들에 관심을 갖는다. 이를 위해 이 역사는 자신만의 위태로움을, 역사를 만드는 사람들과 이야기하는 사람들과의 수치스러운 친족 관계에서 자신이 얻은 힘을 인정한다. 모 역사가는 최근에 자기 전공 분야에 스며든 "신뢰의 위기"에 대해, 실재적인 것과 상상적인 것을 치명적으로 구별하지 못하고 텍스트와 그 탈구축의 불길한 제국에 역사를 복속시키려는 "인접 분야"의 루머들과 불필요한 소란들 탓이라며 유감스러워 했다.[7] 나는 그와 반대의 결론을 내리겠다. 자신을 만든 시간에 관한 역사의 무기력 이외에, 역사의 대상의 지각 가능한 주제를 만드는 것(시간과 말과 죽음) 앞에서 역사(가 갖는) 공포 이외에 그 어떤 다른 것도 역사를 위협하지 않는다고 말이다. 역사는 그 어떤 이방의 침략에 맞서 자신을 방어해야 할 필요가 없다. 단지 역사에 필요한 것은 자기 자신의 이름과 화해하는 것뿐이다.

---

7. Lawrence Stone, "History and Postmodernism," *Past and Present*, n. 131, mai 1991. 동일 저널의 133호에 실린 Patrick Joyce의 반론을 보라.

옮긴이의 글

　역사가의 이론적 실천을 관행에 따라 역사학이라 부른다면, 저자는 미슐레에서 브로델에 이르는 역사학의 특정 국면에서 모종의 '인식론적 단절'을 읽는다. 과학과 문학과 정치의 삼중 접합으로 구성되는 특이한 언어의 구조물을 창안해 낸 이 역사가들의 이론적 실천을, 저자는 '역사가의 혁명'이라 부른다. 그러나 우리 시대의 '이단'에 대한 역사 서술로 나아가지 못한 중단된 혁명. 그래서 저자의 역사학 독해는 저 혁명에 바치는 오마주이자, 중단된 혁명의 새로운 재개 혹은 전화를 요청하는 선동이다.

　말(서술)과 사물(사실)을 동시에 가리키는 동음이의어인 '역사histoire'의 특이성을 적극적으로 작동시키는 저자의 논지에 맞춰, 이 단어를 역사학이라 옮기는 게 더 편해 보일 때도 역사로 옮겼다. 역사학이라는 단어가 나오는 곳은 저자가 historiographie라고 쓴 곳이다. récit를 이야기로 옮겼는데, 문맥상 불가피한 경우엔 histoire를 이야기로 옮긴 곳도 있다. discours는 대부분 담론으로 옮겼지만, 역시 문맥상 언술이라 하는 게 더 자연스러운 경우들이 있었다. mot를 말로 옮겨서 parole은 말하기로 옮겼다(행위의 함의를 담으려는 것이기도 했다). 불어 표현의 축자적 의미와 관용적 의미를 함께 살리기 어려운 경우에는 핵심 단어를 축자적으로 부각시키는 쪽을 택했다. 예컨대 저자는 lieu를 사용한 표현의 변주를 도처에서 구사하는데, 이 단어를 자리라고 옮기면서, 어색하더라도 '자리를 부여한다donner lieu de [à]/자리를 갖는다avoir lieu (de)/비-자리non-lieu' 등의 번역문을 사용했다. 방금 언급한 사례에 나왔지만 non을 이용하여 부정의 복합어를 만든 경우에는 모두 '비'를 접두어로 썼다. 엄밀히 보면 그 함의에 차이가 있어도 관행에 따라 번역어를 선정한 경우도 있다. 가령 savoir social을 사회과학으로 옮긴 경우가 그렇다. 아주 드물게 저자가 science sociale이라 쓴 곳이 있어 내내 마음에 걸렸지만, 쟁점을 선명히 하는 데는 관행을 따라 사회과학으로 옮기는 게 낫다고 판단했다. 또 능력이 모자라 관행을 따라간 경우도 있다. disjonction을 이접離接이라 옮긴 경우가 그렇다(접속은 conjonction의 번역어이다).

마치 한줌의 모래를 움켜쥐는 것 같은 번역 작업이었다. 얼마 안 되지만 도대체 한 손에 다 쥘 수 없는 모래들. 어떻게 쥐어도 남겨지는 모래들. 내 손에 쥔 순간 바로 손가락 사이로 흐르는 모래들. 정작 손 안에 들어온 건 초라하다. 누군가에게 건네주면 그마저도 온전히 다 가지 못할 터. 부끄럽다. 그래도 눈부신

백사장에 미혹된 아이는 해지는 줄도 모르고 모래장난에 빠져 있을 것이다. 부디 조금 더 쥘 수 있기를. 조금 더 전할 수 있기를.

역사학과 (재)회해야만 했던 시기에 이 책을 읽고 번역하니 역사학이 다시 보였다. 다른 누군가에게도 이 책을 통해 역사학이 다시 보였으면 좋겠다. 물론 모든 역사학이 다 매혹적인 것은 아니었다. 조만간 어떤 역사학들 혹은 어떤 역사가들의 이론적 실천들과 겪었던 지적 해후를 공유할 수 있으면 좋겠다. 이미 랑시에르가 익숙하거나, 아니면 적어도 그를 향한 충만한 호기심을 이미 가진 분들에게는 이 책이, 결코 그의 주저라고 할 수는 없을 이 책이 그럼에도 불구하고 그의 사유의 풍요롭고 아름다운 섬세한 결을 접하는 계기가 되었으면 좋겠다. 이런 졸역으로 감히 그렇게 바라본다. 저자가 이 책에서 즐겨 쓴 표현들을 원용해서 말해 보자면, 트리컨티넨탈이야말로 시대착오적이고 동음이의적인 혼성적 이름들의 역사적 장이라고 할 수 있을 것이다. 그러니 이 번역서가 들어가 '트리컨티넨탈' 총서가 더 넓고 두터워졌으면 좋겠다. 첫눈에 랑시에르가 왜 여기 와 있는 거야라고 느꼈던 분들에게도 그렇게 여겨졌으면 좋겠다. 인내해 준 분들, 격려해 준 분들, 가르침을 준 분들, 모두 다 정말 고맙다.

올력의 책